El Arte del Buen Comer

Tres Generaciones de Auténtica Cocina Internacional y Mexicana

Elvira Carranza

DEDICATORIA
MÉTODO CARRANZA
PORTADA
PREFACIO. LA COMIDA TRADICIONAL
MEXICANA Y SU HISTORIA

BALBOA PRESS

A DIVISION OF HAY HOUSE

Balboa Press books may be ordered through booksellers or by contacting:

Balboa Press
A Division of Hay House
1663 Liberty Drive
Bloomington, IN 47403
www.balboapress.com
1 (877) 407-4847

Because of the dynamic nature of the Internet, any web addresses or links contained in
this book may have changed since publication and may no longer be valid. The views
expressed in this work are solely those of the author and do not necessarily reflect the views
of the publisher, and the publisher hereby disclaims any responsibility for them.

The author of this book does not dispense medical advice or prescribe the use of any technique as a form of
treatment for physical, emotional, or medical problems without the advice of a physician, either directly or
indirectly. The intent of the author is only to offer information of a general nature to help you in your quest
for emotional and spiritual well-being. In the event you use any of the information in this book for yourself,
which is your constitutional right, the author and the publisher assume no responsibility for your actions.

Any people depicted in stock imagery provided by Thinkstock are models,
and such images are being used for illustrative purposes only.
Certain stock imagery © Thinkstock.

ISBN: 978-1-4525-9221-3 (sc)
ISBN: 978-1-4525-9239-8 (e)

Printed in the United States of America.

Balboa Press rev. date: 02/03/2014

Indice

SALSAS 31

SOPAS 51

Método Carranza

Antiguas y modernas recetas, del año 1800 a la modernidad. Consejos a seguir para aplicar en su cocina y en sus actividades diarias enfocadas a su alimentación. Los aspectos relevantes en nuestro cuerpo como la salud se fundamentan en una alimentación saludable en nuestra vida cotidiana.

Cuando se pierde la salud, todo lo demás en la vida pierde sentido.

Aprenda a cocinar aprovechando los productos básicos que la madre tierra nos ofrece, su frescura y propiedades de un modo saludable con el Método Carranza.

Prepare una comida saludable con la escuela Carranza teniendo la escuela en casa.

Sea Auténtico

Algunos puntos relevantes para lograr ser práctico en las cuestiones de la cocina y los alimentos:

- Hacer las compras cada semana.
- Comprar los alimentos con lista en mano para adquirir los productos que necesitamos únicamente.
- Organizar y guardar las compras manteniéndolas frescas.
- Ganas de cocinar y el ingrediente más importante, el amor con que se cocinan los platillos.
- Comer con medida. No pasarse y comer en exceso.
- Comer una porción de vegetales, frutas, ensaladas y carne al día. Debe haber un equilibrio.

Método para cocinar aprovechando los productos que nos ofrece la madre tierra.

Con el "MÉTODO CARRANZA" aprenda a cocinar de un modo saludable. Fácil lo decimos pero toma mucho tiempo el poder llegar a este punto de poder compartir este método, es decir, cuatro décadas de experiencia.

La cocina es fácil pero requiere disciplina.

La cocina es un arte, es creadora de cada persona. Es tan extensa como uno la quiera hacer y muy divertida. No tomarla como obligación ó responsabilidad sino como hobby algo para disfrutar!

Se pueden hacer las variaciones que se quieran y se puedan con lo que tengamos en el refrigerador y la despensa.

Lograr hacer combinaciones es el arte de la cocina...

- Comer sanamente es también una cuestión de disciplina mental.
- Tomar agua pura diario durante el día.

"El arte del buen comer"

Tomar la decisión de comer bien es una decisión personal y es un derecho de todos los seres humanos sólo que a veces no sabemos cómo lograrlo. Para ello existen guías que nos explican cómo hacerlo. Facilitar la elaboración y organización de esta encomienda cotidiana es el tema principal del Método Carranza. Este método les permitirá elaborar los alimentos de modo organizado agilizando el tiempo involucrado en organización y preparación de alimentos lo que nos permitirá deleitarnos con alimentos preparados con calidad y tener tiempo, energía y entusiasmo para la realización de otros proyectos.

Integrar un método de organización en la cocina y en la forma de preparar los alimentos nos puede dar la posibilidad de alcanzar otras metas ya que cuando uno logra satisfacer las necesidades del cuerpo siguiendo un cierto ritmo en horarios, el cuerpo se disciplina y queda satisfecho. Un bienestar general se experimenta y nuestras sensaciones se vuelven más positivas. Esto nos permite hacer otras actividades. Nos prepara para ello. Nos da la posibilidad al sentirnos bien.

Todas las actividades relacionadas con el buen comer están conectadas, es por ello que aprender a hacerlas con orden es un factor básico que se debe aplicar en todas las tareas como la compra de víveres, el modo de guardarlos y organizarlos en refrigerador y alacenas e incluso la preparación ordenada y con gusto que se haga con los alimentos. El cambio que se puede lograr cuando uno aprende a organizarse y a comer bien se refleja en un bienestar al estar más contento, sano y estable.

EL gusto por comer cambia y se aprecian más los sabores. Nos sentimos distintos comiendo con gusto y con calma. Cuando todos los procesos que se involucraron en la tarea de preparar un alimento son planeados y llevados a cabo con gusto, en orden y sin prisas, nuestro modo de ser cambia. La preparación es distinta. Nos sentimos a gusto comiendo. Los sabores que se sienten en el paladar se vuelven más intensos y el cuerpo se regocija con este nuevo sentir. Incluso nuestra digestión cambia. El placer del cuerpo es muy importante en todas las culturas sólo que a veces olvidamos que se le debe dedicar tiempo a cocinar, a aprender a hacerlo y a disfrutarlo. Cuando una persona comienza a darse cuenta de que su calidad de vida cambia cuando comienza a comer bien, se siente contenta y relajada porque ha sido capaz de evolucionar en un mundo que va demasiado rápido. Detenerse un poco y disfrutar la comida y las tareas involucradas es un tema que en este momento se está tratando de rescatar en muchos ámbitos y en muchos lugares del planeta. El Método Carranza es uno de esos medios para aprender a disfrutar más la vida.

Cuando una persona come de modo saludable y a sus horas toda su vida cambia. Su percepción de la vida se vuelve más agradable y se enoja menos porque el nivel de tolerancia es mayor. Una persona contenta porque ha comido sabroso puede emprender un proyecto nuevo, lograr una meditación, un trabajo pesado, una investigación científica, concentración mental, ó ejercitar la mente creativamente en cualquier actividad. En la vida de los niños este cambio se refleja al obtener un estado de calma y concentración para poder estudiar.

En tiempos recientes los niños en el mundo no logran concentrarse adecuadamente porque comen mal y se saltan los horarios de comida cuando la recomendación es la de hacer tres comidas al día e ingerir dos frutas entre comidas.

Asimismo se ha descubierto que la raíz de muchos problemas de Alzheimer en personas de edad avanzada en el mundo es debido a una falta de proteína en sus dietas básicas.

La vida cambia cuando se cubre la necesidad básica de alimentar nuestro cuerpo. Para poder lograr esto es importante aprender cómo hacerlo. Parece muy simple pero no lo es. Sólo quién lo ha logrado a través de los años lo puede enseñar a otros; a las nuevas generaciones.

Esta práctica de comer bien se reflejará en todos los ámbitos de nuestras vidas, desde el aspecto mínimo más cotidiano y simple hasta el más elaborado. Cada día se revela satisfactorio y útil cuando el placer por comer está presente.

Si una persona logra recrearse al cocinar y organizar su vivencia diaria de comer con gusto, este beneficio de entusiasmo le generará bienestar interno a él y a los que estén a su alrededor.

Cocinar y ocuparse de las compras, limpieza del refrigerador y organización de los alimentos para su preparación y resguardo puede ser una actividad creativa y no una imposición monótona.

Se puede lograr hacer de cada tarea involucrada en la elaboración de la comida una especie de meditación que hace sentir en el corazón paz y un gusto por vivir porque comiendo bien uno se siente bien. Y preparar con gusto, estética y con calma los alimentos, influye también en los sabores de la comida y en el bienestar interno. Es una cadena que conlleva muchos beneficios. De la vista nace el amor.

Cuando una persona aprende a aplicar un método, cada día se convierte en una experimentación que le aporta nuevos datos. Es así que cada día puede ser un aprendizaje y no una monotonía.

La organización contenida en el Método Carranza traza pautas a seguir para aprender una manera de disfrutar la vida comiendo sabroso y sanamente sin esfuerzo exagerado gracias al orden que se lleva en diversas actividades que están relacionados con el acto de sentarse a la mesa cada día y disfrutar un rico platillo.

Cuando los alimentos se preparan con armonía, el efecto en el cuerpo es igualmente armónico y puede serlo hasta el proceso digestivo de asimilación energética.

El Método Carranza puede ayudarte a ser más feliz comiendo bien.

La felicidad es un derecho que todos tenemos pero también es una responsabilidad que se basa en principios tan básicos que los damos por hecho en lugar de darles importancia. Démosle importancia! Demos importancia a la alimentación!

Para ello, comencemos aplicando los sencillos consejos que el Método Carranza nos recomienda.

Incitar a las personas a aprender el arte de la cocina y a desarrollarlo como una actividad que regocija el alma además de la intención de sentirnos sanos, fuertes y satisfechos. Darnos cuenta que podemos aprender a integrar la alegría en la cotidianeidad de los días. Debemos saber que se puede hacer y aprender a hacerlo.

Dedicar una hora a una comida que nos brindará un estado de bienestar para las siguientes seis horas es digno de llevarse a cabo.

Aprendiendo las cuestiones de orden básico que propone el Método Carranza se puede lograr una preparación de los alimentos con un esfuerzo natural a modo de que nos quede energía para hacer otras actividades y además obtener de estos alimentos la energía óptima al elaborarlos en un ambiente de paz, orden y serenidad. Se debe cocinar con tiempo y tener lista la comida.

Preparar los alimentos cuando se tiene demasiada hambre hace que la prisa nos impida disfrutar su elaboración. Por ello el Método Carranza propone tips ó claves de organización tales como picar cebolla, ajo y hierbas frescas por la mañana y tenerlos listos para la preparación de alguna sopa, arroz ó guisado, mantener ordenado y limpio el refrigerador, hacer las compras con anticipación y de la manera más sencilla posible. Ir lavando conforme se van usando los utensilios en la preparación de los platillos para mantener orden y evitar complicaciones de espacio. No saltarse comidas. Establecer horarios y respetarlos. Tomar líquidos durante el día.

Además de muchas otras recomendaciones como la de consumir ensaladas verdes, verduras y frutas a diario, y una cantidad de proteínas similar al tamaño de la palma de la mano.

Una recomendación muy importante es la caminar todos los días ya que se oxigena el cuerpo. Veinte minutos de ejercicio al aire libre son recomendados. Y hacerlo cinco días a la semana nos ayudará a sentirnos muy bien.

Es una necesidad básica de alimentarnos con gusto para poder llevar a cabo nuestra inclusión en la sociedad. Las generaciones jóvenes deben poner atención a este aspecto esencial de sus vidas para que puedan a su vez transmitirlo a sus hijos y puedan estos crecer sintiéndose completos y sin dolores de cabeza ó sensaciones de haberse saltado una comida.

Los horarios de las comidas se deben de respetar y se les debe dar la importancia que se merecen que es la de ser esenciales para el desarrollo mental, emocional y físico de cada individuo. Es recomendable comer siempre a la misma hora y nunca saltarse una comida, llámese desayuno, comida ó cena.

Al aplicar este método en la cocina nos vamos a dar cuenta de las posibilidades de creatividad que aparecerán con la preparación de los alimentos, por ejemplo para preparar el pollo, un día se puede preparar con vino tinto ó vino blanco, con jugo de naranja al otro día, envuelta en hojas de plátano ú horneado otra vez. El pollo se puede sustituir por res, puerco y las variantes serán ilimitadas.

Con la comida comienza todo. La intención de ser felices se puede materializar comiendo sanamente a las horas que el cuerpo lo requiere. Este es el punto de partida para todo. Así que es esencial aprender a organizarnos para poder deleitarnos con un platillo que nos haga apreciar la belleza del mundo, sus colores y todo lo que nos ofrece esta oportunidad de estar vivos.

Tomar nuestros alimentos bien preparados junto con líquidos de jugos, aguas frescas ó agua natural está al alcance de todos.

Cómo agilizar el acomodo y mantenimiento del refrigerador?

Antes de salir al supermercado, limpiar el refrigerador con toallas de papel Windex. Lavar los cajones con agua y jabón. Se recomienda hacer esta limpieza una vez a la semana. Forrar los cajones con papel aluminio cubriendo la base del cajón.

En el cajón de abajo se pueden colocar las cebollas, camote y papas. Y en el segundo cajón se colocan frutas y especies en bolsas. Se pica la bolsa con un tenedor para que el producto respire y se mantenga fresco el contenido.

Al realizar las compras, conocer dónde están los productos y acudir siempre al mismo sitio para ahorrar tiempo.

Algunos consejos para la despensa:

Tratar de mantener en la despensa los productos con envolturas originales ó bolsas herméticas ó papel aluminio (foil paper).

Normalmente tener en la despensa latas de tomate de 4 onzas que se encuentran a buen precio.

Conseguir lo que le guste a su familia.

Procurar tener en casa los siguientes productos:

- Tener siempre un queso fresco ó queso feta.
- Tener siempre cebollas, ajos, cilantro y perejil frescos.
- Tener siempre una lechuga, calabazas, elote, aguacate y papas.
- Tener siempre en casa una red de naranjas, limones y mandarinas. Los cítricos aportan un sabor fresco a cualquier platillo, además de vitamina C. Se usan para cocinar dando un toque fresco. Se pueden retirar posterior a la cocción. La cáscara se usa en postres.
- Tener siempre almendras, piñones y nueces. Se pueden conservar frescos almacenándolo en tarros ó pomos de vidrio transparentes con tapa.
- Comprar fruta de la estación. No demasiada porque no dura más de siete días. Alguna se puede colocar en el frutero y otra se acomoda en el refrigerador para que se vea cuando uno lo abre y de este modo, no perder tiempo.
- Tener leche, yogurt, crema ácida, mantequilla de vaca de la que agrade a la familia.
- En temporada, adquirir kiwi, mango, papaya y de lata, se puede tener durazno, piña y mandarina..

- Procurar tener una planta ó varias con hierbas frescas como tomillo, romero, salvia, cilantro, perejil, hierbabuena, menta, albahaca, manzanilla cerca de la cocina ó incluso dentro en un macetero pequeño.

Cómo organizar mi día en la cocina?

Organizada la compra una noche anterior, pensar en lo que se va a comer al siguiente día y sacar de la despensa lo necesario. Si se tuviera que descongelar la carne, es momento de hacerlo.

Empiezo el día abriendo el refrigerador que yá está organizado y de una sola vez saco todo lo que necesito para la receta. Este es un muy buen tip.

Por la mañana temprano se puede picar ajo, cebolla, perejil, cilantro en una tabla en 5 minutos, con las tijeras; al igual que el resto de los ingredientes si tuvieran que cocerse como papas ó camotes.

Para no hacer mugrero y después ocupar mucho tiempo en limpiar, estar atentos y concentrados en alzar todo después de alguna preparación. De este modo, se va dejando limpio el espacio y se logra hacer mucho en poco tiempo.

Cuando use el cilantro y hierbas frescas, las puedo cortar con tijeras en una bolsa de plástico. Igualmente cuando se desgranan elotes. Una vez que se tiene arreglado el refrigerador, recomiendo comprar la carne una vez cada tercer día y mantenerla fresca y no congelarla

Cuando se llegue del trabajo descansar diez minutos para después empezar a preparar los alimentos.

Posteriormente prender dos sartenes grandes, uno con agua para verduras y el otro con aceite para arroz ó el guisado.

Algunas situaciones de cuidado: Cuando se agrega agua a un refractario que se encuentra dentro del horno, esta debe ser agua caliente porque se puede reventar el pyrex de vidrio. Hay pyrex delgados y gruesos así que debemos poner atención. En una cocina nunca deben faltar las salsas.

Las salsas se pueden usar en múltiples aplicaciones, yá sea para acompañar enchiladas y bañarlas con una suculenta salsa ó para acompañar quesadillas. Se pueden elaborar con hierbas, cilantro, perejil, aguacate, y 100 categorías diversas de chiles. Se puede hacer una salsa distinta cada día dependiendo de la inspiración y creatividad. Los contrastes de colores son importantes y agregan estética y belleza a los preparativos y a los platillos. Las salsas yá elaboradas se pueden resguardar dentro del refrigerador dentro de un pomo alto de vidrio que cierre de modo hermético.

Cualquier ingrediente que se utilice debe cerrarse y llevarse nuevamente a su lugar dentro del refrigerador ó despensa para mantener su frescura.

ANTOJITOS
Y PLATILLOS
MEXICANOS

Tortilla de Maíz

Ingredientes:

Se requieren los siguientes elementos para preparar la tortilla mexicana tradicional.

- ¾ taza de Maseca en polvo para tortillas
- Sal al gusto
- ¾ taza de agua hirviendo para la maza

Elaboración:

Tiempo de preparación: 20 minutos.

Para elaborarlas se utiliza una harina llamada Maseca. Se toman dos tazas de harina y se le agrega 3/4 taza de agua hirviendo. Con la pala de madera se revuelve. Se amasa y se deja reposar. Se hacen bolitas y se colocan dentro de una máquina para aplanar la masa, cubierta por dos plásticos.

Una vez plana se retira con cuidado y se coloca sobre un comal ya caliente. Se voltea de inmediato con una espátula y se baja la flama. Se inflan con el vapor.

Esta es la señal para retirarlas y colocarlas dentro de un paño que las cubra.

O también se pueden comprar ya elaboradas en paquetes en negocios. Se meten al refrigerador o nevera y se conservan por una semana ó dos.

La tortilla de maíz es en México la base de la alimentación y ha sido desde la época de los aztecas quienes inventaron un proceso conocido como nixtamalización, el cual consiste en cocinar los granos de maíz de la mazorca común en soluciones alcalinas como la cal, lo que aumenta enormemente el valor nutricional de la mazorca común y es un proceso que está todavía en uso hoy. El grano seco del maíz es empapado y cocido generalmente en agua con cal. Esto libera el grano del pericarpio, la capa exterior de los granos, y hace que el maíz sea más fácil de moler. El proceso transforma el maíz de una simple fuente de carbohidratos en otra considerablemente más completa. Durante la nixtamalización aumenta la cantidad de calcio, hierro, cobre, zinc que contiene el maíz ya que estos se agregan mediante la cal ó minerales utilizados en el proceso, además de que la niacina, riboflavina y más proteínas ya presentes en el maíz, las cuales no son digeribles a los seres humanos se liberan a través del proceso.

Las primeras tortillas descubiertas, que se remontan a unos 10.000 antes de Cristo, fueron hechas de maíz. Los Aztecas utilizaban una gran cantidad de maíz, tanto comer directamente de la mazorca y en las recetas. Se molía el maíz, y se mezclaba con agua y sal hasta formar una masa llamada masa.

La principal manera en que se consume el maíz en México es la tortilla, pero también es un insumo necesario para la preparación de casi todos los tipos de tamales, atoles y aperitivos. Además, el maíz utilizado para las tortillas puede ser maduro y seco, pero también se consume fresco y maduro (maíz) o suave y fresca (xilote).

La tortilla se utiliza en múltiples platillos y de formas distintas ya que se pueden enrollar, rellenar, dorar, freír, o cubrir con salsas.

En antojitos Mexicanos tradicionales como las chalupas, los sopes, tostadas, tacos, entomatadas, enchiladas y flautas su presentación y modo de uso es diverso. Hay variaciones en su tamaño.

Los arqueólogos han reportado una antigüedad de diez u once mil años.

Maíz. La técnica de nixtamalización ("nixtli" cal de cenizas y "tamalli" masa de maíz cocida que significa cocimiento del maíz con cal).

Tortillas de Harina

Rinde 1 kilo 300 gramos

Tiempo de preparación: 1 hora, más 1 hora de reposo. Grado de dificultad: bajo

- 1 kilo de harina de trigo refinada o integral
- 1 cucharadita de polvo para hornear
- 1 cucharada de sal
- 1 taza de manteca vegetal o 200 gramos
- Agua caliente (la necesaria para amasar)

Elaboración:

Incorporar manualmente en un tazón los ingredientes secos junto con la manteca. Poco a poco, verter el agua caliente y amasar hasta que se forme una masa homogénea, elástica y manejable. Dejar reposar esta masa durante una hora. Luego, dividirla en porciones individuales y formar testales o bolitas. En una superficie limpia y seca, espolvorear un poco de harina y extender o palotear cada una de las bolitas de masa.

Calentar el comal a temperatura media alta y constante para cocer las tortillas. Darles la primera vuelta cuando la superficie de la tortilla se vea ligeramente cocida. La segunda vuelta se le da cuando la tortilla toma un leve color café y, la tercera y última, cuando ya se ve cocida.

Arroz Rojo

Ingredientes: Sirve a 5 personas.

- 1 taza de arroz normal
- 2 tazas de agua fría
- 3 cucharadas de aceite de oliva
- 1 cebolla
- 3 dientes de ajo
- 3 tomates frescos molidos pequeños
- 3 cucharadas de puré de tomate
- sal al gusto

Elaboración:

En un sartén grande se agregan las tres cucharadas de aceite de oliva, los ajos y la cebolla partida en cuatro. Después de cinco minutos se retiran del fuego los ajos y las cebollas y se meten a la licuadora junto con los 3 tomates frescos.

En el aceite que ya tenemos en el sartén se dora el arroz previamente enjuagado con agua y escurrido. Cuando cambia a un color transparente el arroz, se le agrega la mezcla de la licuadora, el puré de tomate y las dos tazas de agua fría. Se agrega sal al gusto.

Se deja en el fuego hasta que dé el primer hervor, de inmediato se baja la flama y se tapa. Se deja por veinte minutos y se destapa para que se absorba el agua.

Arroz Amarillo

Ingredientes: Sirve a 5 personas.

- 1 taza de arroz
- 3 tazas de agua
- 3 sobres de azafrán
- 1 lata de chícharos pequeños
- sal al gusto

Elaboración:

En un sartén grande se colocan 3 tazas de agua, tres sobres con azafrán, se deja hervir. Se le agrega el arroz y los chícharos. Y sal al gusto.

Se baja la flama. Se tapa. Se debe consumir todo el líquido.

Tacos de Pollo

Ingredientes: Sirve 6 personas.

- 1 libra equivalente a 453.6 gramos de muslos de pollo, que se convierten en ½ libra equivalente a 250 gramos de carne de pollo hervida ó 5 muslos chicos.
- 3 onzas equivalentes a 115 gramos de cebollas amarillas
- 2 cucharadas de aceite Mazola
- 2 onzas equivalentes a 80 gramos de puré ó salsa de tomate
- 2 cucharadas de caldo de pollo
- ½ cucharada pequeña de sal
- 1 onza equivalente a 40 gramos de chiles chipotles adobados de lata

Elaboración:

Se coloca el pollo en una olla honda. Se cubre con agua y se pone a hervir durante veinte minutos a fuego mediano. Se introduce un tenedor y cuando esté blando se retira del fuego. Se deja enfriar diez minutos y se deshebra.

Se coloca el aceite en un sartén, se agrega la cebolla y se deja acitronar. Se agrega el pollo deshebrado.

Por otro lado en la licuadora se coloca el puré o salsa de tomate con los chiles, las dos cucharadas de caldo de pollo y la sal.

Esta salsa se mezcla con el pollo.

Se rellenan las tortillas de harina con el pollo preparado y se sirve con arroz y frijoles.

Se pueden congelar y para calentar se meten un minuto al microondas.

Quesadillas

Ingredientes: Sirve a 6 personas.

- 18 tortillas de maíz ó de harina
- 300 gramos (grs) de queso asadero, oaxaca, mozzarella, adobera o cualquier queso que se funda.
- epazote fresco ó seco (opcional)

Elaboración:

Se coloca un sartén grande a fuego bajo y se colocan las tortillas sobre el sartén para calentarse. Se voltean constantemente hasta que estén flexibles y se puedan doblar. Se rellenan de queso, dos ó tres rebanadas por tortilla y se doblan. Se dejan sobre el fuego para que el queso se derrita. Se puede añadir algún vegetal como por ejemplo champiñones cocidos, espinacas o frijoles refritos.

También son comunes las quesadillas con queso y jamón por lo que se agrega una rebanada dentro y se ponen a calentar.

Las variantes son ilimitadas. Las más conocidas contienen únicamente queso y unas ramas de epazote. Se acompañan de salsas diversas.

Las quesadillas acompañan cualquier platillo mexicano; se combinan con todo.

Chilaquiles

Ingredientes: Rinde 4 personas.

- 8 tortillas
- 3 tomates
- 1 diente ajo
- ½ cebolla chica
- 3 chiles anchos
- ½ taza de aceite de girasol para freír.

Elaboración:

Las tortillas se pueden cortar con tijeras y se pueden dejar orear para que endurezcan un día antes de preparar los chilaquiles.

Se fríen los trozos de tortilla en dos cucharadas de aceite cada vez. Se mueven las tortillas y se retiran. Cuando están doradas yá están listas.

Los chiles se ponen a cocer con los tomates, ajo y sal durante 10 minutos a fuego bajo. Se muelen en la licuadora y se colocan en un sartén con una cucharada de aceite a fuego bajo durante diez minutos para que sazone la salsa.

Se vierten dentro de este sartén las tortillas doradas y se mezclan con la salsa. Se agrega el queso en trozos ó rayado de preferencia y se cubre con crema. Se tapa dos minutos, se le agrega cebolla finamente cortada y el platillo de chilaquiles está listo.

Tostadas

Ingredientes:

- Tortillas de maíz

Elaboración:

Se coloca aceite de olivo en un sartén y cuando esté caliente se sumergen una por una las tortillas para que se frían. Se tardan aproximadamente cinco minutos cada una. Deben quedar crujientes y bastante duras. Se voltean con una espátula para que los dos lados se frían. Se colocan sobre papel para escurrirse.

Estas tostadas se pueden preparar de modos diversos.

Se pueden cubrir con frijoles y posteriormente con pollo o carne deshebrada, crema y queso rallado. También se pueden preparar con papa y chorizo.

Las tostadas son un platillo básico en la comida mexicana Son consideradas como un antojito mexicano.

La carne de res que se utiliza para deshebrar en México se llama falda. (En E.U. rump roast)

Frijoles Charros

Ingredientes: Sirve a 8 personas.

- 1 kilogramo (kg) de frijol
- 1 cebolla
- 2 dientes ajo
- 1 manojo de cilantro picado finamente
- 4 tomates picados
- 100 gramos (grs) de tocino, chorizo, jamón al gusto
- 500 gramos (0.500 grs) de carne puerco deshebrada
- 5 salchichas rebanadas
- 100 gramos (grs) de chicharrón (opcional)

Elaboración:

Los frijoles son un platillo tradicional mexicano preciado.

El plato de frijoles charros es sólo una variante del uso de los frijoles dado que en México se comen de diversos modos.

Se limpian los frijoles porque a veces vienen con piedras pequeñas y se lavan. Se dejan remojando en agua toda la noche.

Se ponen a cocer los frijoles cubriéndolos con agua que puede ser la misma en la que se quedaron toda la noche. Se colocan a fuego medio durante una hora ó más. Cuando estén blandos, se retiran del fuego.

En una sarteneta se coloca una cucharada pequeña de aceite de oliva, los ajos y la cebolla picados, tocino, chorizo, salchichas y jamón picados, chile ó ají al gusto, la sal. Se deja dorar y sazonar durante diez minutos. Se agregan también a este punto los tomates picados y se dejan otros cinco minutos.

Se retira del fuego y cuando los frijoles estén blandos se agrega el sofrito junto con cilantro fresco sobre los frijoles. Se puede colocar chicharrón en trozos y aguacate para adornar el plato. Se sirven caldosos y muy calientes.

Enchiladas Rojas ó Entomatadas

Ingredientes para 24 enchiladas: Sirve 6 personas.

- ½ cebolla blanca grande picada finamente
- 4 dientes de ajo picados finamente
- 1 cucharada pequeñas de pimienta negra molida
- 1 lata de puré de tomate
- 1 kilogramo y medio (1.5 kg) de pollo al gusto deshebrado
- 24 tortillas de maíz
- 1 taza de agua
- 10 tomates rojos picados
- 3 cucharadas de aceite de oliva
- ¼ cebolla rebanada y lechuga rebanada para adorno
- sal y pimienta al gusto
- crema al gusto
- 300 gramos (grs) queso tipo manchego ó queso feta ó queso fresco para espolvorear sobre las enchiladas

Elaboración:

En un primer sartén se ponen las tres cucharadas de aceite de oliva a calentar. Se sumergen las tortillas una por una hasta que se ablanden. Se sacan y se colocan en papel absorbente para retirar la grasa restante.

En el mismo sartén se agrega la cebolla picada hasta que cambie de color, es decir, hasta que se acitrone. Se agregan los ajos y los tomates rojos frescos picados. Se sofríen ligeramente. Se pueden meter estos vegetales a la licuadora para que la salsa quede líquida. Se regresa al sartén y se añade el puré de tomate y el agua. Se dejan cocer por diez minutos ó quince a fuego bajo.

Una vez que tenemos la salsa lista, se sumergen las tortillas en la salsa, una a una y se colocan en el sartén caliente, rellenándolas con el pollo deshebrado y pasándolas rápidamente al plato.

Al servirse se pueden colocar de tres en tres, se cubren con más salsa y se agrega queso, crema encima de cada una y cebolla cruda picada para adornar y lechuga. Este es el estilo de las entomatadas de la Ciudad de México.

Ceviche

Ingredientes: Sirve a 5 personas.

- ½ kilogramo (0.500 kg) de pez sierra ó dorado
- 1 cebolla picada finamente
- 3 limones
- 2 tazas de cilantro
- sal al gusto
- 1 taza de apio picado finamente
- 100 gramos (grs) aceitunas
- 2 ó tres tomates cortados en cuadros

Elaboración:

Lavar el pescado. Cortarlo en trozos pequeños.

Dejarlo marinar en el jugo de tres limones 60 minutos por lo menos. Añadir la cebolla, apio finamente picadas, sal al gusto, abundante cilantro y aceitunas fileteadas

Ceviche de Camarón

Ingredientes: Sirve a 8 personas.

- 1 diente ajo picado finamente
- ½ cebolla picada finamente
- 1 kilogramo (kg) de camarón cocido del tamaño deseado
- 2 rebanadas de mango picado finamente
- 1 chile ó ají serrano picado finamente
- 1 limón, jugo de
- 1 rebanada piña gruesa picada finamente
- sal al gusto
- salsa kétchup al gusto
- 1 manojo de cilantro picado
- 1 rama apio picado finamente

Elaboración:

Se meten los camarones por dos minutos al agua hirviendo. Se retiran, se escurren, se pelan y se pican al gusto.

Se le agregan todos los ingredientes y se revuelve todo muy bien.

Tamales

Ingredientes:

- 1 kilo (kg) de masa blanca para tortillas
- ½ litro (0.5 lt.) de caldo donde se coció la carne de relleno
- 400 gramos (grs) de manteca de cerdo
- 1 ½ cucharadita de polvo para hornear
- 1 cucharada de sal (o sólo una pizca si se requiere hacer los tamales dulces)
- 50 hojas de maíz para tamal lavadas, remojadas y secas

Para el relleno rojo:

- 125 gramos (grs) de chiles anchos remojados en agua muy caliente, desvenados y despepitados
- 3 dientes de ajo
- 1 cucharada de manteca de cerdo
- 300 gramos (grs) de carne maciza de cerdo cocida con una cebolla, hierbas de olor y deshebrada
- sal al gusto

Para el relleno verde:

- 750 gramos (grs) de tomates verdes pelados
- ½ taza de cilantro picado
- 1 cucharada de manteca de cerdo
- 1 cebolla mediana finamente picada
- 6 chiles serranos picados muy finamente
- 300 gramos (grs) de carne maciza de cerdo cocida con una cebolla
- 2 dientes de ajo y hierbas de olor hasta que esté suave y deshebrada
- sal al gusto

Elaboración:

La masa y el caldo se baten muy bien con la mano o con la batidora (a mano 20 minutos). Aparte, la manteca se bate hasta que quede esponjosa y se añade a la masa junto con el polvo para hornear y la sal. Para saber si la masa está yá lista, se pone un trozo de masa en una taza de agua fría y éste debe flotar. Se distribuye una cucharada de masa en cada hoja de tamal, se les pone el relleno que es carne con salsa muy bien integrada; se doblan y se ponen a cocer en una tamalera sobre un colchón de hojas de tamal, es decir que en el fono de la olla honda que se conoce como tamalera se colocan varias hojas de tamal para que el calor de modo uniforme. Se dejan cocer durante 45 minutos a fuego bajo, ó hasta que se desprendan fácilmente de las hojas.

Para el relleno rojo:

Los chiles anchos se licúan con los ajos y con el agua en la que se remojaron. Esta salsa se fríe en la manteca, se añade la carne yá cocida y deshebrada, se agrega sal y se deja hervir cinco minutos hasta que quede espesa.

Para el relleno verde:

Los tomates se ponen a cocer con 1/2 taza de agua y sal al gusto hasta que estén suaves, se dejan enfriar un poco y se licúan con el cilantro. En la manteca se acitrona la cebolla, se le añade el chile y la salsa licuada y se agrega la carne yá cocida y deshebrada. Se agrega sal al gusto y se deja sazonar durante 5 minutos.

Empanadas

Ingredientes: Sirve a 5 personas.

- 0.75 gramos (grs) de mantequilla a temperatura ambiente
- 1 cucharada polvo para hornear
- ¼ kilogramo (kg) harina
- relleno al gusto
- 2 huevos
- 1 cucharada pequeña de sal

Elaboración:

Se hace una fuente con la harina, se desbarata la mantequilla, se le agregan los huevos y ¼ de vaso de agua helada. Se amasa. Se deja reposar la masa. Se cubre con un paño.

Posteriormente se extiende esta masa con el rodillo. Se corta la masa con cualquier forma redonda incluso con un vaso de cristal dependiendo la medida deseada. Se rellenan las empanadas y se cierran oprimiendo los extremos con un tenedor.

Se colocan en una charola y se meten al horno a 350 ° F ó 180 ° C durante cuarenta minutos. Se deben ver doradas.

Se pueden rellenar de camarón, pescado ó pollo preparado con anticipación.

Una opción para el relleno es la de freir tomate, agregar atún, aceite de oliva, perejil picado, aceitunas y dejar diez minutos a fuego lento para sazonar.

Salsa de Nogada para Cubrir los Chiles Rellenos

Ingredientes. Sirve para cubrir 20 chiles.

- ½ (0.5) kilogramo de nueces de castilla equivalente a 3 tazas
- 1 kilogramo (kg) de almendras dulces equivalente a 6 tazas
- 2 cucharadas de azúcar
- 1 taza de leche entera fría
- 1 taza de media crema ó 1 taza crema
- 1 queso fresco 260 gramos (grs) ó 7 onzas
- 2 rebanadas de pan de caja blanco sin costra remojadas en leche
- 1 cucharada de vinagre blanco
- 1 taza de perejil picado

Elaboración:

Se ponen todos los ingredientes en una licuadora y se produce una salsa espesa que va a colocarse encima de los chiles rellenos. Si es demasiado espesa, ponerle más leche fría.

Los chiles se adornan con la granada y perejil.

Estofado de Ternera

Ingredientes: Sirve a 10 personas.

- 1 kilogramo (kg) de carne de ternera en trozos
- 1 poro grande picado
- 1 manojo perejil picado
- 12 rábanos picados
- ½ taza apio picado
- 1 vaso de puré tomate
- ½ taza de agua
- 1 diente ajo finamente picado
- ¼ cebolla finamente picada
- 3 zanahorias
- 3 papas
- 10 centros de alcachofa picados
- sal al gusto
- pimienta entera molida al gusto
- ½ vaso aceite de oliva virgen
- 2 cucharadas de harina

Elaboración:

Se colocan en un sartén grande a fuego bajo dos cucharadas de aceite de oliva. Cuando el aceite esté caliente se agrega la cebolla y el ajo. Se dejan únicamente dos ó tres minutos moviendo constantemente para que no se doren sino que únicamente cambien de color y suelten sus esencias. Rápidamente se agregan a este sartén las papas, las zanahorias, el apio, los rábanos, el poro, sal y pimienta al gusto y se dejan freír ligeramente durante diez minutos. Todas las verduras deben ir picadas. Se retiran del fuego y se apartan.

En otra sartén se colocan dos cucharadas de aceite de oliva a fuego medio y se vierte la carne de ternera para sellarla. Se deja sobre el fuego diez minutos. Un toque de color dorado sabroso nos muestra el momento apropiado para agregar las dos cucharadas de harina sobre la carne. Se revuelve bien y se espera a que la harina se logre coser, dos minutos aproximadamente. Se agrega en este momento el puré de tomate, sal y pimienta al gusto y media taza de agua. Se deja sobre el fuego aproximadamente quince minutos a fuego bajo. Cuando la carne esté suave, se agrega la verdura preparada anteriormente mezclando con cuidado y los centros de alcachofa.

Picadillo

Ingredientes para 8 personas:

- 1 kilogramo (kg) de carne molida (puerco, res ó ternera) 110 gramos (grs) por persona aproximadamente
- 1 cebolla blanca mediana picada
- 150 gramos (grs) de almendras rebanadas en trozos
- 3 dientes de ajo picados
- 1 taza de aceitunas picadas
- 100 gramos (grs) de uva pasa
- sal al gusto
- 3 cucharadas de aceite de oliva
- 6 tomates molidos
- 2 zanahorias picadas en cuadros
- 2 papas picadas en cuadros
- Sal y pimienta al gusto

Elaboración:

En un sartén grande caliente se colocan tres cucharadas grandes de aceite de oliva y la cebolla picada hasta que se vuelva transparente. Se agrega el ajo y de inmediato la carne molida para que no se queme el ajo. Se deja cocinar a fuego bajo durante cinco minutos. Se añaden las zanahorias y las papas. Se agrega la salsa de tomate y se deja otros 10 minutos a fuego bajo para que se sazone todo junto.

La Salsa:

Para preparar la salsa se colocan los tomates en la licuadora y se muelen hasta obtener una salsa jugosa. Se agrega la salsa al sartén en el que se está cocinando la carne. Se agrega sal y pimienta.

Se agregan las almendras peladas, las pasas, y las aceitunas picadas al final.

Se retira del fuego. Se puede acompañar con arroz, pasta ó con pan y tortillas(receta siguiente).

Albóndigas

Ingredientes: Sirve a 8 personas.

- 1 kilogramo (kg) de carne molida de res o ternera
- 1 cebolla mediana picada
- 3 dientes de ajo
- 2 latas de puré de tomate ó diez tomates asados y pelados
- 3 cucharadas de aceite de oliva
- Hierbabuena picada ó cilantro
- 3 cucharadas de pan molido
- un pizco de sal
- 1 taza de agua
- Pimienta al gusto
- 2 chiles chipotle

Elaboración:

En una licuadora muela el puré de tomate, la cebolla, el ajo, los chiles y la pimienta. Agregue una pizca de sal.

Caliente en una cacerola a fuego mediano las tres cucharadas de aceite de oliva. Vierta la salsa licuada y fríala durante cinco minutos. Agregue la taza de agua al final.

Por otro lado, se coloca en un molde redondo la carne, el pan molido, la hierbabuena picada ó el cilantro, sal, pimienta al gusto. Se mezcla este preparado de carne que servirá para hacer las bolas de carne al tamaño deseado. Se hacen las albóndigas y se introducen en la salsa dejándolas cocinarse a fuego bajo por veinte o veinticinco minutos.

Se retira del fuego pasados los 25 minutos para que la carne no se sobre cocine porque se puede secar la carne.

Se sirve con arroz blanco o rojo.

Se puede usar ají del tipo chile chipotle para dar un sabor ahumado a la hora de preparar la salsa.

Adobo

Ingredientes: Sirve a 8 personas.

- 10 chiles anchos ó ají al gusto (este tipo de ají no es picante)
- 2 dientes de ajo
- ¼ de taza de vinagre
- 1 trozo de pan
- 1 cucharada pequeña orégano
- 2 cucharadas de azúcar
- ½ taza de caldo de carne para sazonar
- 1 cebolla desflemada para adornar
- 1 kilogramo (1 kg) de carne al gusto (pollo ó puerco)
- Sal al gusto.

Elaboración:

Se asan los chiles, se desvenan y se remojan en agua. Se dejan reposar media hora.

Se muelen en la licuadora los chiles con el ajo, el azúcar, el orégano y el trozo de pan remojado en vinagre. Esta mezcla se fríe con aceite durante bastante tiempo hasta que espese y se le va agregando el caldo de pollo ó el caldo de carne.

Se coce la carne del modo tradicional, a fuego lento en una cacerola ó en una olla a presión hasta que esté blanda. Se agrega el pollo cocido o la carne cocida a la salsa.

Para desflemar la cebolla que se coloca sobre la carne como adorno; se rebanan las cebollas en rodajas y se dejan en agua con sal media hora. Se escurren y se adorna el plato.

Lomo en Salsa de Ciruela

Ingredientes: Sirve para 11 personas.

- 1 ½ (1.5) kilogramo de lomo
- ½ kilogramo (0.500) kilogramo de ciruela pasa
- 150 gramos (grs) de nuez
- 1 barra de mantequilla
- 1 vaso de coñac
- 1 naranja

Elaboración:

Se retiran los huesos a las ciruelas las pasas y se cortan en cuatro cada una. Se coloca un sartén a fuego bajo, se agrega la mantequilla y se vierten las ciruelas cortadas y la nuez picada. Se deja sobre el fuego cinco minutos. Se le agrega la raspadura de una naranja, el jugo de una naranja y el coñac que se inflama. Atención porque puede ser peligroso. Se retira del fuego.

El lomo se coloca en un refractario y se baña con la salsa preparada y se cubre con papel aluminio. Se mete al horno a 180 ° C ó 350 ° F durante 55 minutos. Se retira el papel de aluminio y se vuelve a meter al horno a 200 ° ó 400 ° F para que dore otros 55 minutos. Se calculan 55 minutos por cada kilogramo de carne.

Se dejan algunas ciruelas enteras para adornar el plato.

Lomo Relleno

Ingredientes: Sirve para 8 personas.

- 1 kilogramo (kg) de lomo de puerco abierto
- 1 manojo de perejil
- 150 gramos (grs) de queso manchego rallado
- 3 pimientos morrones
- 3 huevos cocidos
- 100 gramos (grs) de jamón
- sal marina y pimiento blanca

Elaboración:

El lomo abierto se rocía muy bien con sal de mar y pimienta blanca. En una orilla se le pone el huevo picado, el queso rallado y se le dá media vuelta; se le pone el perejil picado y se vuelve a enrollar media vuelta. Se coloca el pimiento morrón picado y queso rallado y se sigue enrollando. Se le agrega el jamón picado con las aceitunas y se le dá otra media vuelta.

Ya que está envuelto, se baña el exterior con sal nuevamente y se envuelve con un trapo y se amarran los extremos con un cordón de tela. Así se mete a la olla express y se deja a fuego bajo por aproximadamente 30 ó 40 minutos ó si se prefiere se envuelve en papel estaño.

Chayotes en Salsa Tomate

Ingredientes: Sirve a 8 personas.

- 4 chayotes grandes
- 4 tomates
- ¼ cebolla
- 1 diente ajo pequeño
- Crema al gusto
- 50 gramos (grs) de queso rallado tipo cotija
- 2 cucharadas de aceite de oliva
- 1 ó 2 chiles ó ají de tipo árbol seco

Elaboración:

Se ponen los chayotes a cocer a fuego mediano durante 40 minutos. Se les pone agua hasta cubrirlos. Se tapa la cacerola. Deben quedar ligeramente duros para que al cortarlos no se desmoronen.

Se retiran de la lumbre una vez cocidos, se ponen en agua fría. Se pelan y se cortan en cuadros pequeños.

Se pone a tostar el ajo, la cebolla, el ají y los tomates ligeramente.

Se licúan estos tres ingredientes.

Se colocan las dos cucharadas de aceite de oliva en una cacerola y se agrega la salsa para que se sazone. Se agrega sal al gusto. Se agregan los chayotes, se revuelve. Se sirven y se agrega crema y queso a cada plato.

Chiles ó Ají Frescos en Vinagre

Ingredientes:

- 300 gramos (gr) de chiles cuaresmeños frescos ó jalapeño mediano frescos
- 1 cebolla grande
- orégano al gusto
- ½ vaso de vinagre
- ¾ vaso de agua
- sal al gusto
- 6 cucharadas de aceite oliva
- hierbas de olor al gusto
- 1 cabeza de ajos
- 5 zanahorias cortadas al gusto

Elaboración:

Usando guantes de plástico, se cortan los chiles a la mitad, se les quitan las semillas y las venas y se ponen a remojar en agua caliente con sal por media hora para reducir el picor. Este proceso es opcional porque si los queremos picosos, no se remojan.

En un sartén grande a fuego medio, se coloca el aceite de oliva, se fríen los chiles escurridos, las zanahorias cortadas, los ajos y cualquier otra verdura que se desee agregar como coliflor o cebollas pequeñas completas.

Se agrega el agua, el vinagre, la cabeza de ajos, y sal.

Se baja la lumbre, se tapan y se dejan diez minutos. EL punto óptimo de cocción es al dente. (ligeramente crujientes) y antes de sacarlos, se les ponen las hierbas de olor y el orégano. Se deja que den otro hervor y se sacan. Cuando se enfrían se les agrega más aceite de oliva al gusto y más orégano.

Budín de Verduras

Ingredientes: Sirve a 6 personas.

- ½ kilogramo (0.500 kg) de papas
- ¼ kilogramo (0.250 kg) de chícharos
- ¼ kilogramo (0.250 kg) de zanahorias
- 1 coliflor chica
- 1 manojo espinacas
- 5 elotes crudos

- 1 ramita apio
- 2 tazas de leche
- 3 cucharadas de harina
- ¼ de cebolla mediana en trozo
- 3 cucharadas pequeñas de mantequilla
- una pizca de nuez moscada
- una pizca de sal

Elaboración:

Se elabora una salsa blanca. Para ello se coloca en un sartén a fuego bajo la mantequilla a que se derrita, se añade el harina mezclándola con una pala de madera. Se revuelve constantemente hasta que la harina adquiera un color marfil.

Se agrega una pizca de sal.

Apártela del fuego y agréguele poco a poco la leche caliente revolviendo la mezcla constantemente para que no se hagan grumos. Deje hervir la salsa a fuego muy bajo hasta que adquiera una consistencia tersa y cremosa.

La salsa blanca se divide en tres partes.

Se pican gruesas todas las verduras y se cuecen. Se revuelven con la tercera parte de la salsa blanca.

Los elotes crudos se desgranan con un cuchillo y se muelen con una tercera parte la salsa blanca.

Las papas se cocinan y se hace un puré. Se mezclan con una tercera parte de la salsa blanca.

En un molde engrasado y espolvoreado con pan molido se coloca primero el puré de papa, luego la verdura y al último el elote y se mete al horno a 150 ° C ó 300 ° F por media hora.

SALSAS

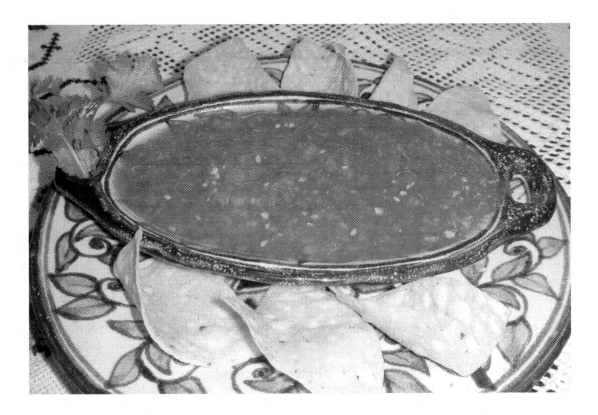

Las salsas en México dan color y sabor a los platillos de cada día...

Existen múltiples métodos para hacer salsas, todos ellos diversos. Los más simples y básicos se mencionan a continuación:

Se pueden utilizar tomates verdes ó rojos. El rojo más común se llama bola ó roma, pero existen más de veinte tipos diversos.

Se pueden hervir cinco tomates verdes sin cáscara para preparar una salsa para cuatro personas. Se colocan en una cacerola cubiertos por agua. Cuando dá el primer hervor el agua, se retiran. Se dejan enfriar y se colocan en la licuadora con 1 diente de ajo y 1 cuarto de cebolla. Se agrega una pizca de sal. Se muele ligeramente. Y lista.

Otro método simple es el de colocar sobre la estufa un comal ó un sartén a fuego bajo y colocar 3 tomates a dorar, al igual que 1 diente de ajo y 1 un cuarto de cebolla.

Se tardan aproximadamente diez minutos en dorar. Se pueden poner chiles a dorar, depende de la tolerancia a ellos, es decir hay 100 especies diversas y unos son más picantes que otros. Se escogen dos ó tres y se ponen a dorar sin que se quemen. Se voltean constantemente. Se les retiran los rabos y las semillas para evitar que piquen demasiado. Se licúa todo junto a baja velocidad para que no quede muy acuoso. Al final se agrega cilantro fresco picado finamente.

También puede colocarse el tomate dentro del horno de microondas uno ó dos minutos para cocerlo cuando no se dispone de tiempo. Se retira y se pela. Se muele en la licuadora, se agrega un diente de ajo y 1 cuarto de cebolla. Se licúa a velocidad baja durante 1 minuto. Se agrega sal.

Una de las salsas más sencillas, rápidas y útiles es la salsa pico de gallo que se conforma de 3 ó 4 tomates picados finamente, cilantro fresco picado, 1 diente de ajo picado finamente y 1 cuarto de cebolla picado finamente. Se agrega sal al gusto.

Cuando a esta salsa se le agrega aguacate, se obtiene un rico guacamole. Es preciso moldear el aguacate con un tenedor para que quede una consistencia tersa, como aplastándolo. Unas gotas de limón evitarán que cambie su color.

Las salsas mencionadas anteriormente son sólo algunas de las más tradicionales y rápidas en su elaboración. Las salsas se pueden mantener dentro del refrigerador dentro de un recipiente ó pomo de vidrio con tapa. Las salsas se pueden elaborar en poca cantidad para acompañar un platillo y por lo tanto usando poco tomate ó bastas por lo que se usarían más tomates. Todo depende del número de invitados a casa y de si éstas son picosas ó no.

La salsa en México ocupa un lugar primordial en su gastronomía, siendo su elemento principal el chile. Este puede ser fresco o seco. Se le puede también quitar las venas y las semillas si no se desea que esté muy picante, o por el contrario, integrar éstas dentro de la receta. La salsa suele también llevar en la elaboración tomate verde o jitomate, ajo, cebolla, alguna hierba ó especie y es también costumbre integrar semillas como pepitas de calabaza, ajonjolí, cacahuate o almendras. Todo esto genera que las salsas mexicanas puedan resultar altamente nutritivas, además de sabrosas.

La comida Mexicana está llena de sabores, colores y texturas, y las salsas son parte importante de ello pues son fundamentales en la mayoría de los platillos. Su diversidad de sabor y color se debe a la gran variedad de chiles que se utilizan en su realización, algunos tipos de chile son más fáciles de conseguir que otros, pero todos sin excepción le dan un toque único a cada bocado. Aquí se muestran algunas salsas que son de gran utilidad en la cocina mexicana.

Salsa Roja

Ingredientes: Sirve a 5 personas.

- 10 ajís ó chiles guajillo
- 1 taza de agua hirviendo
- 3 tomates chicos
- 1 diente de ajo
- ¼ de una cebolla
- 4 cucharadas de aceite de oliva ó de maíz
- Sal al gusto

Elaboración:

En este caso, la salsa de chile guajillo se sirve sola, acompañando antojitos, sopa ó arroz. Se asan los chiles, cuidando que no se quemen, se ponen a remojar en la taza de agua hirviendo, y se dejan hasta que se suavicen. Se recomienda una hora ó dos.

Se retiran del agua, se abren y se quitan las semillas. El agua en la que hirvieron se conserva.

Se licúan los chiles junto con los tomates, el ajo, la cebolla y ¼ de taza del agua en la que se remojaron los chiles.

En un sartén se calienta el aceite y se fríe la mezcla licuada, se añade sal y se deja a fuego bajo hasta que se haga espesa. Se puede servir fría ó caliente.

La salsa de chile guajillo y muchas otras se sirven acompañando frijoles, sopa ó arroz.

Salsa de pico de Gallo

Ingredientes: Sirve a 6 personas.

- 4 tomates grandes maduros
- 4 ajís ó chiles serranos
- ½ cebolla
- 1 cucharada de agua fría
- un pizco de sal

Elaboración:

Se pican los tomates crudos, la cebolla y los chiles también crudos, se revuelve todo bien, se coloca la mezcla en un recipiente sobre la mesa y se añade sal y una cucharada de agua.

Esta salsa pico de gallo puede acompañar cualquier tipo de comida mexicana. Es muy versátil.

Salsa Verde

Ingredientes: Sirve a 8 personas.

- 8 tomates verdes sin cáscara
- 5 ajís ó chiles serranos,
- 1 diente de ajo
- ¼ cebolla picada
- 1 cucharada de cilantro picado
- Sal al gusto
- Aguacate, opcional

Las salsas conforman una parte integral en la cocina mexicana yá que acompañan la mayor parte de los platillos. Se sirve una buena salsa en cualquier mesa para acompañar arroz, frijoles, guisados, tortillas, desayunos, meriendas y comidas. De la mañana a la noche encontramos los sabores que avivan los platillos.

Se preparan molidas, en molcajete, licuadora, a mano, fritas, crudas. Las variaciones son ilimitadas pero siempre adornan los sabores con su picor.

Se pueden preparar a diario ó también guardar en el refrigerador.

Elaboración:

Como la salsa roja, el pico de gallo y el guacamole, esta salsa tradicional puede acompañar muchos platillos en la comida mexicana.

Se pueden machacar los tomates en el molcajete y queda más sabrosa. El molcajete es una especie de mortero hecho de piedra volcánica de forma cóncava que se usa en México desde la época prehispánica.

Si no se tuviera el molcajete a mano, utilizar un utensilio para machacar ó la licuadora.

Lavar los tomates, ponerlos a asar pero sin que se tuesten.

Machacar en el molcajete junto con el ajo.

Vierta la salsa en una cazuela, agregue la cebolla picada y el cilantro. Agregue la sal.

Salsa de Chile Morita

Ingredientes: Sirve a 6 personas.

- 5 ajís ó chiles morita
- 6 tomates verdes ó tomatillo verde medianos, sin cáscara
- ½ taza de agua
- 1 diente de ajo
- 1 pizca de sal

Elaboración:

Existen muy diversas salsas picantes de variedades de chiles. Esta es de las más sencillas.

Se puede utilizar cualquier otro ají ó chile dependiendo de la localidad en la que se encuentre.

Se quita el rabo a los chiles. Se ponen a cocer en agua con los tomates. En cuanto se ablanden los tomates, se retiran del agua y se muelen con los chiles y el ajo en el molcajete. Si no se tiene molcajete se puede utilizar un plato hondo. Se añade un poco de agua para que la salsa no quede demasiado espesa. Añada sal al gusto.

Las salsas mexicanas pueden prepararse en crudo, sin necesidad de hervir o freír los ingredientes; es sólo cuestión de sabores el que uno prefiera de otra.

Guacamole Rojo

Ingredientes: Sirve a 6 personas.

- 2 aguacates grandes
- 2 tomates medianos
- una pizca de sal
- 4 ajís ó chiles serranos picados
- ¼ de cebolla picada
- 1 cucharada de cilantro picado

El guacamole (ahuacamulli) es la salsa mexicana más antigua que viene de los Aztecas del siglo XVI. En Náhuatl "ahuacátl" significa aguacate y" molli," salsa, es decir salsa de aguacate. A través de los siglos se le han ido agregando otros ingredientes como cebolla y cilantro. Los nahuas la preparaban moliendo en el molcajete (molcáxitl) aguacate (ahuacátl) con jitomate (xiuhtomatl) y chile (chilli). Existen hoy muchas variantes del guacamole.

Elaboración:

Para este sencillo guacamole, se ponen en agua caliente por 5 minutos los tomates, se pelan y se muelen en el molcajete. Se añaden los aguacates pelados, se machacan y se pone sal al gusto. Se agregan entonces el chile, la cebolla y el cilantro finamente picados y se revuelve todo muy bien. Si no tiene molcajete pique los tomates con un cuchillo en trozos y utilice un plato hondo para machacar los aguacates pelados con un tenedor, haciendo una pasta con ellos hasta que se integren los unos con los otros. Añada sal y mezcle con los demás ingredientes. Coloque en una salsera y sirva.

El guacamole cambia de sabor en muy pocas horas y llega a ponerse amargo, por lo que debe prepararse un momento antes de servirse. Si quiere que se conserve más tiempo, agréguele unas gotas de limón y cúbralo con algún material ó tapa para que dure más tiempo.

Guacamole Verde

Ingredientes: Sirve a 8 personas.

- 4 tomates verdes ó tomatillos
- 2 ó 3 ajís ó chiles serranos
- 2 aguacates grandes
- un pizco de sal
- 1 cucharada de cilantro picado
- ¼ cebolla picada

Elaboración:

Quíteles la cáscara a los tomates verdes y áselos con los chiles sobre un comal ó sartén a fuego medio, sin dejar que se quemen. Muela los tomates y los chiles en el molcajete; añada los aguacates pelados y macháquelos. A falta de molcajete muela los tomates verdes en licuadora pero debe ser rápidamente y a velocidad baja para que no resulten espumosos.

Mezcle bien todo, añada sal, la cebolla y el cilantro finamente picados y sirva el guacamole con tacos, o carne.

Se puede utilizar esta salsa como complemento para otras salsas también.

Esta salsa se debe servir recién hecha pues el aguacate se ennegrece rápidamente.

Para evitarlo ó retardarlo, agrega el jugo de medio limón.

Mole Verde

Ingredientes: Sirve para 13 personas.

- 250 gramos (grs) de pepita verde molida * (es muy importante que la pepita sea sin cáscara)
- ½ kilogramo (0.500 kg) de tomate verde
- 2 chiles verdes ó ají al gusto
- 6 hojas de rábano
- ½ cebolla
- ½ diente de ajo
- 1 taza cilantro
- 6 hojas de lechuga verde
- pimienta al gusto y comino
- sal al gusto
- 1 taza de caldo de pollo ó de res ó de puerco
- 1 cucharada de aceite de oliva virgen
- 1 kilogramo y medio (1.5 kg) de carne de pollo, res ó puerco.

Elaboración:

La pepita se muele en la licuadora. Se aparta.

Se coloca un sartén grande a fuego bajo y se vierte la pepita molida. Se deja durante 5 minutos en los que se debe mover constantemente el polvo para evitar que se pegue ó se queme. Estar atento. Se debe tostar ligeramente. Poner atención a que no se queme.

A este punto se agrega 1/2 taza de caldo de pollo ó de res y unas gotas de aceite de oliva virgen para que se fría. Se deja por aproximadamente 10 minutos a fuego bajo.

En una licuadora se muelen todos los ingredientes restantes muy bien y se mezclan con la pepita molida en el mismo sartén para que se integren los ingredientes y se deja diez minutos a fuego bajo moviendo constantemente. Se agrega el caldo restante, sal y pimienta.

La carne se coce por separado, se puede dejar en trozo ó deshebrada. Cuando ya está suave, se mezcla con el mole verde y yá se puede deleitar.

Taquitos

Ingredientes: Sirve a 5 personas.

- 16 tortillas de maíz
- 4 aguacates
- ½ litro (lt) de yogurt
- 100 gramos (grs) de queso mozarela
- 1 limón
- sal al gusto
- ½ taza de aceite de oliva

Elaboración:

Se pelan los aguacates, se retira el hueso. Se machacan los aguacates con un tenedor y se agregan unas gotas de limón y sal.

Se revuelven los aguacates con el yogurt y el queso mozarela cortado en trozos pequeños.

En un sartén caliente con una cucharada de aceite de oliva se pasan las tortillas de un lado a otro rápidamente con un tenedor y se retiran. Se va agregando más aceite si se consume. Se colocan las tortillas en un pyrex refractario grande. Se van enrollando las tortillas y rellenando con el preparado.

Se calienta el horno a 180 ° C ó 350 ° F y se introducen los tacos por 7 minutos. Se pueden prepara el día anterior ó unas horas antes de consumirlos.

Cuando se sirven los platos se utiliza un plato hondo, se coloca el pan dorado con queso gratinado en cada plato.

Mole Poblano

Ingredientes: Sirve a 15 personas.

- 50 (grs) gramos de ajonjolí
- 1 pavo grande, gordo, tierno y partido
- 125 gramos (grs) de ají tipo chile mulato
- 100 gramos (grs) de ají tipo chile ancho
- 125 gramos (grs) de ají tipo chile pasilla
- 1 raja de canela
- 2 ó 3 pimientas y un poco de comino
- ¼ de cucharada de anís
- ½ cebolla mediana
- 2 dientes de ajo
- 1 ó 2 tablillas de chocolate
- 1 trozo de pan frito en manteca
- 1 cucharada de ajonjolí
- 1 jitomate grande, asado, pelado
- 1 trozo de tortilla frita en manteca
- 100 gramos (grs) de almendras fritas y sin pelar y 50 gramos de uvas pasas
- 1 taza de caldo de pollo

Elaboración:

Se ponen a remojar los chiles ó ajís en tres tazas de agua por media hora después de lo cuál se cuelan y se apartan. Se tuesta el ajonjolí en un sartén a fuego bajo sin agregar aceite, después las pimientas y la canela. Debe ser bastante rápido para que no se queme. Se colocan en la licuadora el clavo, la canela, las pimientas, y el ajonjolí tostado. Se agrega para licuar el pan, las almendras, la tortilla, el anís, los cominos, el chocolate y las pasas junto con una taza de agua para obtener una pasta muy tersa. Se aparta. Se libera la licuadora y se muelen la cebolla, el tomate, los chiles remojados, los ajos y 2 tazas de agua. Esta salsa se utilizará más adelante. Se aparta.

En una cacerola a fuego mediano, preferiblemente de barro, se pone bastante grasa (de preferencia manteca de cerdo) se vierte la pasta obtenida con el chocolate, el pan molido y los demás ingredientes. Se fríen durante cinco minutos revolviendo constantemente.

Se agrega la salsa a la misma cacerola y se mezclan los ingredientes a formar el mole. Se sazona con la sal y se le agrega el caldo de pollo para que no esté muy espeso. Se deja freír nuevamente diez ó quince minutos. El pavo se cose previamente y se agrega al mole en trozos pequeños sin hueso ó en piezas completas. Se espolvorea ajonjolí tostado al plato para adornar.

Mole de Olla

Ingredientes: Sirve a 6 personas.

- 5 chiles pasilla
- 1 kilo (kg) de carne de res ó de puerco
- 4 elotes cortados en rodajas
- ½ cebolla
- 2 dientes de ajos
- 4 calabazas tiernas
- 1 rama de epazote fresco
- 200 gramos (grs) de ejotes

- 2 litros (lts) de agua
- 1 xoconoxtle, pelado y sin semillas
- 4 limones a la hora de servir
- 1 cucharada pequeña de aceite de oliva
- 1 taza masa de tortillas
- 1 cucharada de manteca
- 1 taza de agua caliente

El xoconoxtle es el fruto del nopal, utilizado por el campesino mexicano en su alimentación y como medicina alternativa (previene el envejecimiento celular y el cáncer). Ayuda a regenerar tejidos y tiene propiedades antioxidantes. Los españoles descubrieron el xoconostle en la época de la colonia.

Elaboración: De origen remoto, el mole de olla, uno de los tres moles más codiciados en México, siendo el ingrediente esencial el xoconoxtle.

Se doran en el comal los cinco chiles pasilla, se desvenan, se les quitan las semillas, se remojan en agua diez minutos y se colocan en la licuadora con 3 tazas de agua, sal y pimienta al gusto. En un sartén se coloca una cucharada pequeña de aceite de oliva y se pone la salsa licuada a sazonar. Después de diez minutos se agregan los elotes y los ejotes y se dejan otros cinco minutos.

Por otro lado la carne se pone a cocer en una olla de barro de preferencia, se agrega un litro de agua, la cebolla, el ajo, el xoconoxtle, sal y se coloca a fuego mediano por cuarenta minutos. La salsa sazonada se le agrega a la carne ya cocida igual que el epazote y las calabazas que se pueden cortar a lo largo. Se deja hervir todo junto cinco minutos. Este exquisito platillo se sirve acompañado de limones frescos partidos. Es común agregar a este mole de olla, unos quince minutos antes de terminar de prepararlo, unas bolas pequeñas que se elaboran con masa de tortillas, media taza de agua caliente para mezclar la masa, un pizco de sal, epazote y una cucharada de manteca.

Enchiladas Cubiertas con Salsa de Chile Poblano ó Pimiento Morrón

Ingredientes: (Sirve a 6 personas)

- 4 chiles poblanos grandes ó pimientos morrones
- ½ taza de leche evaporada
- 200 gramos (grs) de queso tipo chihuahua ó chedar
- ½ cebolla
- 3 dientes de ajo
- 18 tortillas
- Crema al gusto
- 1 cucharada pequeña de aceite de oliva ó aceite sésamo
- una pizca de azúcar
- una cucharada de vinagre
- ½ taza de agua

Elaboración:

Los chiles. Los chiles se lavan y se escurren. Se colocan en un sartén ó comal a fuego medio durante diez minutos para asarlos y poder así pelarlos fácilmente. Este proceso hace que la piel se tueste. No se deben quemar. Se deben voltear continuamente con un utensilio. Una vez tostados, se retiran. Se meten en una bolsa de plástico para que suden. Se cierra bien la bolsa. Se dejan reposar media hora. Se pelan quitándoles la piel exterior. Se abren y se retiran las semillas, el rabo y las venas. Se colocan en un sartén caliente con media cucharada de aceite de oliva para coserlos durante cinco minutos todos juntos. Se retiran del fuego.

Se colocan estos chiles en la licuadora con la cebolla, los dientes de ajos, sal, pimienta, el agua, una pizca de azúcar, vinagre y la leche evaporada para hacer una salsa.

Las tortillas se fríen una por una rápidamente para que no se hagan duras, de inmediato se remojan en la salsa, se colocan en el plato, se rellenan de queso y se enrollan. Se les vierte salsa caliente y se agrega crema y queso rallado.

Se pueden servir de inmediato ó se pueden ir acomodando en un molde refractario para meterse al horno a 150 ° C ó 300 ° F para que se funda el queso por diez minutos.

Calabazas Rellenas de Jamón y Queso

Ingredientes: Sirve a 6 personas.

- 6 ú 8 calabazas medianas ó grandes
- 200 gramos (grs) de queso panela ó manchego
- 200 (grs) gramos de jamón
- 6 tomates
- 2 chiles ó ají tipo árbol secos
- sal al gusto
- 2 cucharadas de aceite de oliva
- 1 diente de ajo
- 1 trozo pequeño cebolla

Elaboración:

Se parten las calabazas en dos a lo largo ó en dos, se rellenan con un buen trozo de queso grueso y una rebanada de jamón. Se pinchan las calabazas con uno ó varios palillos.

Se pone a tostar el ajo, la cebolla, el ají y los tomates ligeramente en un comal ó en un sartén. Se licúan estos tres ingredientes que constituyen la salsa.

Se colocan las dos cucharadas de aceite de oliva en una cacerola y se agrega la salsa para que se sazone. Se agrega sal al gusto.

Se colocan dentro las calabazas y se tapa la cacerola para que no escape el vapor. Se retiran del fuego cuando se hayan cocido las calabazas, a p r o x i m a d a m e n t e ve i n t e m i n u t o s . D e b e n q u e d a r c o n s i s t e n t e s , n o demasiado blandas.

Chiles en Nogada ó Pimientos Grandes

Ingredientes: Sirve 8 personas. Tiempo aproximado - tres horas.

- 8 chiles poblanos grandes (pueden sustituirse por pimientos morrones rojos ó verdes grandes)
- 1 granada roja
- ½ (0.5) kilogramo de lomo de puerco
- ½ (0.5) kilogramo de lomo de res
- 2 cebollas blancas pequeñas picadas
- 3 dientes de ajo picados
- 4 tomates rojos medianos picados
- 1 plátano macho (plantain)
- 3 manzanas o perones
- 3 duraznos
- 50 gramos almendras dulces en trozos
- 50 gramos de acitrón cortado en trozos
- 50 gramos de piñones pelados
- Sal y pimienta al gusto
- 1 hoja de laurel

Elaboración:

Los chiles. Los chiles se lavan y se escurren. Se colocan en un sartén ó comal a fuego medio durante diez minutos para asarlos y poder así pelarlos fácilmente. Este proceso hace que la piel se tueste. No se deben quemar. Se deben voltear continuamente con un utensilio. Una vez homogéneo el tostado, se retiran. Se meten en una bolsa de plástico para que suden. Se cierra bien la bolsa. Se dejan reposar media hora. Se pelan quitándoles la piel exterior. Se les hace una incisión vertical de 3 cms. para retirar las semillas y las venas con unas tijeras. No quitar el tallo porque pierden forma. Se colocan en un sartén caliente con media cucharada de aceite de oliva sólo por un minuto de cada lado de manera cuidadosa para que no se desgarren. Se retiran del fuego. Los chiles están listos para ser rellenados.

<u>Relleno.</u> La carne se coce y se deshebra. En un sartén a fuego bajo se coloca una cucharada de aceite de oliva, la cebolla y el ajo picados. Cuando adquieran un color transparente, se agregan los tomates picados. Se deja sazonar diez minutos todo junto. Se agrega la carne al mismo sartén, la hoja de laurel y se revuelve bien todo. Se mantiene durante cinco minutos más y se retira del fuego. Se reserva. Se coloca esta preparación en un molde amplio para agregarle los demás ingredientes y revolver bien.

En el sartén liberado, a fuego alto, se agrega una cucharada de aceite de oliva. El plátano se corta en rebanadas de 1 cm. cada una y se pone a dorar ligeramente, es decir que el interior quede suave y no seco. Se voltea para que doren los dos lados. Basta un minuto para cada rebanada y se retira. Estas rebanadas se dejan enfriar, se cortan en trozos pequeños y se mezclan con la carne al igual que las almendras, el acitrón, los piñones, las manzanas, y los duraznos cortados en trozos pequeños. Se agrega sal y pimienta y se revuelve bien. Se rellenan los chiles.

Una vez que están rellenos, se les pone encima la salsa de nogada (receta a continuación) se adornan con granada roja y perejil. Si se desean capear, se cierra la abertura con un palillo. Se coloca media taza de harina en un plato hondo. Se vuelca cada chile en el harina y después en huevo batido.

Para preparar el huevo batido, se baten las claras a punto de turrón y después se incorporan las yemas una por una muy despacio. Se agrega sal y pimienta. Se bate nuevamente a punto de turrón. Los chiles enharinados se sumergen suavemente en el huevo batido y se fríen en un sartén con aceite muy caliente (media taza aproximadamente).

Cochinita Pibil

Ingredientes: Sirve a 22 personas.

- ½ barra de achiote. Condimento de Yucatán
- 5 cucharadas de vinagre
- sal al gusto
- ají del tipo habanero (opcional)
- 2 dientes de ajo
- jugo de dos naranjas
- 1 trozo de cebolla
- 3 kilos de filete de (kg) puerco ó pierna ó costillas
- 2 hojas de plátano para tamal
- 1 cebolla morada en rebanadas delgadas

Elaboración:

El puerco pibil es un platillo de la gastronomía yucateca, del sur del país. Pibil es un método de cocción maya que consiste en un horno dentro de la tierra donde se colocan piedras y carbón encendido.

También se puede hacer en un horno tradicional. Se puede hacer con diversos tipos de carne de puerco, se escoge la que se desee (puede ser en trozos ó deshebrada).

Se muele en la licuadora la barra de condimento achiote, el vinagre, el jugo de naranja, la cebolla y los ajos y sal al gusto.

En un recipiente grande se colocan las hojas de plátano en el fondo. Se coloca la carne sobre de las hojas de plátano y se cubre la carne con la salsa licuada. Se mete al horno a 180 ° C ó 350 ° F durante tres horas aproximadas, tomando en cuenta que se calculan 60 minutos por kilogramo (30 minutos por libra) de carne para asado de carne dentro del horno.

En esta región de Yucatán es común prepararse un taco de cochinita pibil acompañado de chile habanero, también de la región. Muy picante es opcional.

Lomo Adobado al Horno

Ingredientes: Sirve a 8 personas.

- 1 kilogramo (kg) lomo de puerco (trozo ó en rebanadas) dependiendo del gusto
- ½ cebolla
- 4 dientes ajo
- ¼ taza de vinagre
- sal y pimienta al gusto
- 5 chiles anchos
- 1 lata de puré tomate mediano
- 1 pizca de azúcar
- 2 tazas de agua

Elaboración:

Se coloca un comal ó un sartén a temperatura media y se ponen los chiles tostar de un lado y otro durante 2 segundos. (Cuidado-- se pueden quemar fácilmente). Se retiran. Se les quitan las semillas y el rabo.

Se colocan estos chiles en la licuadora con la cebolla, los ajos, sal, pimienta, el puré de tomare, una pizca de azúcar, vinagre y el agua para hacer una salsa.

Se coloca la carne en un refractario y se cubre con la salsa licuada. El lomo se pica con un tenedor.

Se introduce al horno a 375 ° F ó 190 ° C.

Cada horno es distinto. Poner atención a que quede suave la carne. Introducir un tenedor para revisar la cocción.

Tiempo aproximado sesenta minutos.

Lomo Mechado

Ingredientes: Sirve a 8 personas.

- 1 kilogramo (kg) de lomo de puerco
- 3 tazas de agua
- 50 gramos (grs) de almendra
- 1 rama seca de tomillo, mejorana, romero ó las que se tengan a mano, si se tienen frescas, se pueden usar.
- una pizca de sal
- 3 dientes ajo machacados
- 1 diente ajo para mechar
- 3 cucharadas de aceite de oliva

Elaboración:

Las almendras se sumergen en agua caliente para poder pelarlas fácilmente.

Para mechar el lomo con las almendras peladas se utiliza un cuchillo pequeño y se hacen diversas incisiones de 2 cms. de profundidad al lomo. Se introduce en cada incisión una almendra pelada. Lo mismo se hace con un diente de ajo.

El lomo se unta con los ajos machados y hierbas de olor. Se colocan en un sartén a temperatura alta tres cucharadas de aceite de oliva y el lomo para que se dore por diez minutos de un lado y de otro. Se retira del fuego.

Se coloca el lomo en un refractario utilizable en el horno y se vierte el agua.

Se introduce al horno a 375 ° F ó 190 ° C.

Cada horno es distinto. Poner atención a que quede suave la carne. Introducir un tenedor para revisar la cocción. Tiempo aproximado sesenta minutos.

Pastel de Carne

Ingredientes: Sirve a 8 personas.

- ½ kilogramo (0.500 kg) de carne de ternera molida
- ½ kilogramo (0.500 kg) de carne de puerco molida
- 1 cebolla grande picada
- 1 diente de ajo
- 100 gramos (grs) de tocino
- hierbas de olor: tomillo, laurel y mejorana
- 1 cucharada de pimienta negra
- 1 taza de caldo de pollo
- 70 gramos (grs) de mantequilla (opción paté)
- 4 cucharadas de aceite olivo ó aceite de sésamo
- 1 lata de leche evaporada

Elaboración:

En un sartén grande a fuego bajo se vierte el tocino picado para freirlo hasta que se dore. Se deja aproximadamente diez minutos. Se retira.

En el mismo sartén, se agregan tres cucharadas de aceite y la cebolla. Se deja hasta que cambie de color y se vuelva transparente. Se agrega entonces el ajo picado y la carne molida junto con la pimienta negra, sal y hierbas de olor. Se mezcla todo y se cose por diez minutos aproximadamente. Se retira del fuego.

Para hacer una salsa que acompañe la carne se pone en un sartén a fuego medio una cucharada de aceite y se le agregan 3 cucharadas de harina. Se mezcla y se deja a la lumbre hasta que dore. Se le agrega el caldo de pollo y se revuelve hasta formar una mezcla espesa sin grumos. Se deja enfriar y se pone esta mezcla en la licuadora con la leche evaporada. Se muele muy bien. Se vierte sobre la carne.

Se incorpora a la carne el tocino frito, las aceitunas cortadas finamente, nuez moscada, jamón rebanado, y alcaparras. Se mete al horno a 180 ° C ó 350 ° F durante diez minutos.

Si se quiere hacer paté se le agrega mantequilla blanda y se mete al congelador.

SOPAS

Sopa de Tortilla

Ingredientes: Sirve a 4 personas.

- ½ cebolla
- 2 dientes de ajo
- 100 gramos (grs) queso manchego
- Epazote al gusto (fresco y abundante)
- 2 tortillas por persona
- 5 tomates rojos
- 2 tazas de agua
- 1 chile pasilla
- Crema al gusto

Elaboración:

Los cinco tomates rojos se pueden poner a tostar en un comal junto con el ajo y la cebolla. Aunque quede una parte negrita se colocan así en la licuadora y se muelen. Se vierte el contenido en una cacerola con aceite de oliva caliente. Se agrega sal y se deja hervir a fuego lento por diez minutos. Después de que ya está sazonado, se le agregan dos tazas de agua y epazote y se deja hervir otros cinco minutos.

Se tuesta un chile pasilla sobre el comal.

Se cortan las tortillas en tiritas con las tijeras y se fríen en bastante aceite caliente. Se van sacando y colocando en papel absorbente para retirar el excedente de aceite.

Para servir se coloca el caldo en un plato hondo ó cazuela, se vierten las tortillas doradas para que estén crujientes dentro de cada plato, se le agrega un poco de chile pasilla, crema y queso al gusto.

Sopa de Fideo

Ingredientes: Sirve a 6 personas

- 4 dientes de ajo
- 1 ½ litro (1.5 lt) de agua
- ¼ de cebolla
- 4 tomates
- 1 paquete de fideos de 250 gramos (grs)
- 1 cucharada pequeña de aceite de oliva

Elaboración:

Esta es una receta muy fácil de preparar. Es una de mis recetas favoritas y es deliciosa.

Primero se coloca una cacerola a fuego bajo sobre la estufa y se añade una cucharada a de aceite de olivo. Se vierte el fideo y se fríe en este aceite.. Se debe mover constantemente con un utensilio para evitar que se queme. Debe obtener un color dorado claro. Se tarda aproximadamente 10 minutos.

Mientras se fríe el fideo, se puede preparar la salsa. Para ello, se muelen en la licuadora los tomates, el ajo y la cebolla. Se vierte esta salsa en la cacerola cuando los fideos ya estén dorados y se cubren con la salsa. Se deja sazonar todo junto por diez minutos a fuego bajo.. Después de cinco minutos se agregan el litro y medio de agua y se deja a fuego bajo otros diez minutos.

Se rectifica el sabor probando el caldo y se añade sal al gusto. Se tapa para que no consuman los líquidos. Se retira y se sirve.

Pasta de Fideo Seco

Ingredientes: Sirve a 5 personas.

- 4 dientes de ajo
- ¼ de cebolla
- 4 tomates grandes
- 1 paquete de fideos de 500 gramos (0.500 grs)
- 1 cucharada de aceite de olivo
- 100 gramos (grs) de queso rallado manchego ó cheddar
- ½ taza de crema al gusto
- 2 tazas de agua
- 1 taza de perejil fresco

Elaboración:

Para calcular cuántos gramos por persona, es útil saber que se recomiendan 80 gramos (grs) por persona cuando es un plato que acompaña a otro. Cuando es el único, la ración recomendada es 130 gramos (grs) por persona.

En una cacerola a fuego bajo se añade una cucharada de aceite de olivo. Se vierte el fideo y se fríe. Se debe mover constantemente con un utensilio para evitar que se queme. Debe obtener un color dorado claro después de 10 minutos aproximados.

En la licuadora se muelen los tomates, el ajo y la cebolla. Se vacía esta salsa licuada sobre el fideo y se deja sazonar aproximadamente diez minutos a fuego bajo. Se agregan las dos tazas de agua y la sal. Se mezcla y se deja otros diez minutos. El agua se consumirá hasta quedar una pasta reducida pero no caldosa. Se puede agregar el perejil fresco, queso rallado y crema al gusto al servir.

Sopa de Ajo

Ingredientes: Sirve a 6 personas.

- 2 dientes de ajo por persona
- 1 huevo por persona
- 1 taza de agua por persona
- 1 rebanada de pan por persona
- 1 taza de perejil fresco picado
- 1 cucharada de aceite de oliva por persona
- Sal y pimienta al gusto
- Mantequilla al gusto
- Pan al gusto
- 2 cucharadas de aceite de oliva
- 1 litro de agua ó caldo de pollo

Elaboración:

El pan se corta en rebanadas delgadas y se le unta un trozo de mantequilla. Se mete al horno ó al tostador a que dore.

En una cacerola se colocan el aceite de oliva a fuego bajo y los dientes de ajo. Se mueven constantemente hasta que cambie de color el ajo. (Importante: no se debe quemar ni dorar el ajo)

Se agrega el agua ó caldo de pollo colado, sal y pimienta fresca al gusto. Se deja hervir de diez a quince minutos. Se retira del fuego. Se retiran los ajos y se añade el perejil picado fresco.

El huevo se coloca en un plato hondo y se bate con un tenedor. Se vierte en la sopa. Se sirve la sopa en cada plato y se le coloca una rebanada de pan dentro.

Sopa de Cebolla

Ingredientes: Sirve a 5 personas.

- 3 cebollas en rebanadas doradas
- 1 litro (lt) de caldo de pollo
- 1 bolillo dorado ó tostado en rebanadas
- 100 gramos (grs) de queso para gratinar
- Sal y pimienta al gusto

Elaboración:

Se rebanan las cebollas en ruedas muy delgadas y se colocan con un poco de aceite de oliva en un sartén a fuego bajo hasta que se doren. Se tardan aproximadamente 20 minutos. No deben quemarse.

Se agrega entonces el caldo de pollo, sal y pimienta. Se deja sazonar a fuego bajo por 10 minutos.

Se coloca el pan cubierto de queso en el horno a tostar.

Sopa de Verduras

Ingredientes: Rinde a 8 personas.

- 1 papa
- 1 taza chícharos
- 2 elotes fres frescos
- 1 espinaca lavada y cortada finamente
- 1 taza de champiñones
- 1 taza de leche de vaca
- 1 lata de leche Carnation ó regular
- Pimienta y sal al gusto
- ½ litro (0.500 litros) de agua
- 1 taza de agua

Elaboración:

Se coloca una cacerola grande a fuego bajo y se vierten dos cucharadas de aceite de oliva, la cebolla picada finamente y cuando cambie de color y quede trasparente, se agrega la papa cortada a lo largo finamente, los chícharos, un elote desgranado, los champiñones fileteados y las espinacas. Se dejan freír por cinco minutos moviendo constantemente.

El otro elote desgranado se coloca en la licuadora con una taza de agua. Se muele y se agrega a la cacerola. Se cuela para ello.

Se agrega sal y pimienta al gusto y medio litro de agua. Se deja a fuego lento diez minutos y se retira. Al final se agrega la leche Carnation y la leche de vaca. Las verduras deben quedar al dente.

Sopa de Elote

Ingredientes: Sirve para 7 personas.

- 6 elotes frescos
- 4 ajíe ó chiles poblanos
- 1 cucharada pequeña de sal
- 1 litro de agua
- 1 lata de leche Carnation grande
- ½ cebolla rebanada
- 3 cucharadas de aceite de oliva

Elaboración:

Se desgranan tres elotes. Se coloca el aceite de oliva en una cacerola y se vierten los elotes desgranados y la cebolla en rodajas para que sofrían.

Se lavan y se cortan los chiles en rajas, quitándoles los rabos que es donde están las semillas y las venas. Se agregan al elote y cebolla que están en el sartén. Se mueve todo y se deja por unos diez minutos.

Se agrega el agua, la sal y se deja a fuego lento hasta que hierva.

Mientras tanto se desgranan los otros tres elotes y se muelen los otros tres elotes en la licuadora con un poco de agua y se cuelan vertiéndolos en la sopa.

Cuando esté a punto de servir, agregue la leche Carnation. Deje tres minutos y sirva.

Sopa Parisien

Ingredientes: Rinde a 8 personas.

- 6 papas
- 1 poro
- 2 ramas apio
- 75 gramos (grs) de mantequilla
- 100 gramos (grs) de queso manchego
- 8 tazas de agua

Elaboración:

Se coloca un sartén a temperatura media. Se añade la mantequilla y se fríen las papas cortadas finamente. Se agrega el poro rebanado muy delgado y el apio picado finamente.

Se agrega el queso rallado, sal, pimienta. Y se agregan las 8 tazas de agua. Se deja sazonar cinco minutos a fuego bajo. Se retira del fuego y se sirve.

Base Consomé

Ingredientes: Rinde a 8 personas.

- 1 cebolla asada
- ¼ cebolla
- 1 litro (lt) de agua
- 1 zanahoria
- 1 diente ajo asado
- ½ diente ajo
- 1 nabo
- 1 papa grande
- 1 racimo de perejil
- 3 cucharadas de aceite de oliva

Elaboración:

Se coloca en una cacerola a fuego medio el aceite de oliva, la cebolla y el ajo y después todas las verduras cortadas a lo largo. Se dejan al fuego diez minutos.

Se vierte la taza de agua licuada previamente en la cacerola con las verduras y se vierte el litro de agua al mismo tiempo y se deja sazonar diez minutos. Se agrega sal y pimienta al gusto. Se retiran el ajo y cebolla.

Se añade el perejil finamente picado al caldo y está listo para servirse.

Sopa de Papa y Poro

Ingredientes: Sirve a 8 personas.

- 6 ú 8 papas medianas
- 1 poro
- 2 cucharadas aceite de oliva
- 3 tomates frescos
- 1 diente ajo pequeño
- ¼ cebolla pequeña
- 1½ taza de agua (1.5 lt)

Elaboración:

Se cortan las papas a lo largo delgadas.

Se rebana el poro en rodajas finas.

Se agrega el aceite a un sartén caliente, se pone la cebolla picada finamente a que se acitrone y se colocan el poro rebanado.

Se muele el tomate en la licuadora con el ajo.

Se vierte este tomate sobre el sartén en el que están las cebollas y el poro y se agregan las papas. Se dejan sazonar durante quince minutos a fuego bajo. Se agrega el agua, sal y pimienta al gusto.

Pozole al Estilo Jalisco

Ingredientes: Sirve a 12 personas.

- 2 kilogramos (kg) de grano de pozole precocido ó tres latas grandes de grano
- 1 cebolla mediana para cocinar el pozole
- 1 cebolla picada finamente
- 1 cabeza de ajo para ser retirada
- 4 ajís ó chiles tipo anchos
- 5 ajís ó chiles tipo cascabel ó piquillos
- 1 kilogramo (kg) de carne de pollo ó de puerco y ¼ cabeza de puerco cortado en trozos para darle un exquisito sabor
- sal y pimienta al gusto
- 3 cucharadas de orégano seco para espolvorear en cada plato
- 1 manojo de rábanos rebanados en ruedas
- 10 hojas de lechuga picada finamente
- ¼ taza de vinagre

Tome los chiles anchos y póngalos a hervir quince minutos. Quíteles las semillas y los rabos y muélalos muy bien en la licuadora para no colarlos. Para ello agregue ½ litro de agua.

Por otro lado en una olla grande coloque el maíz, cúbralo con agua hasta cubrir ¾ de la olla con agua. Déjelo hervir hasta que reviente (Aproximadamente una hora) Ya que esté cocido el maíz retire el agua en la que se coció, agregue la carne y una cabeza de ajo, el vinagre, la cebolla, la sal, pimienta y la salsa que se preparó con los chiles anchos en la licuadora. Agregue 2 litros y medio de agua y deje hervir a fuego mediano durante 60 minutos o hasta que la carne suave. Se puede agregar ½ litro de agua más cuando sea necesario porque se consume el líquido con el hervor.

Se sirven generosos platos acompañados de cebolla, rábanos y lechuga picados finamente y limones frescos. Se agrega a cada plato orégano seco.

La salsa que acompaña el pozole:

Se retira la cabeza de ajos y la cebolla completa para poder servir cómodamente. Se coloca una salsa en la mesa para acompañar el pozole. Se prepara con los chiles cascabel. Se tuestan. Se fríen enteros. Se ponen a remojar en una taza con agua caliente durante una hora. Se muelen muy bien en la licuadora y se les agrega orégano, comino, una cucharada pequeña de vinagre, un poco de agua, sal y pimienta. Se cuelan y esta es una salsa que se coloca en la mesa para acompañar el pozole.

Sopa de Habas

Ingredientes: Sirve a 8 personas.

- ½ kilogramo (0.500 kg) de habas
- 50 gramos (grs) de chorizo
- ¼ cebolla
- 1 diente de ajo
- 4 ó 5 tomates
- 1 manojo de cilantro
- 1 litro y medio (1.5 lt) de agua
- ají al gusto

Elaboración:

Se coloca el chorizo en una olla grande a que dore, a fuego bajo durante diez minutos. Se agrega la cebolla y el ajo picado y cuando cambien de color, es decir, se acitronen, se agrega el tomate que debe molerse en la licuadora previamente.

Se deja sazonar diez minutos a fuego bajo con tapa. Se agrega sal. Se vierten las habas lavadas y se agrega un litro y medio de agua.

La olla puede ser a presión o puede ser normal. Se llevan más de media hora para su cocción. Si la olla no es a presión, se debe cubrir con una tapa.

Cuando están cocidas las habas se retiran del fuego, se agrega el cilantro y la sal. El ají se puede agregar al gusto y a cada plato

Crema de Espárragos

Ingredientes: Sirve a 6 personas.

- 1 pechuga de pollo cocida
- 1 limón, el jugo de
- 1 litro caldo pollo
- 1 lata espárragos
- 2 cucharadas pequeñas de maicena ó
- harina de arroz
- sal y pimienta al gusto
- ½ litro (0.500 lt) de leche
- 2 yemas
- ½ lata de crema

Elaboración:

Se pone en un traste el caldo de pollo a que hierva. Se disuelven las dos cucharaditas de maicena en agua fría y se le agregan al caldo. Se espera a que espese.

Se agregan sal y pimienta al gusto.

En la licuadora vertir el contenido de la lata de espárragos, el jugo de limón, la crema y las dos yemas. Agregar esta mezcla al caldo anterior.

Se agrega el pollo cocido y picado al caldo y por último se agrega la leche.

Se dejan unos espárragos completos para adornar la sopa.

POSTRES

Pastel Básico

Ingredientes:

- 1 taza de harina
- 1 cucharada de royal ó polvos para hornear
- 90 gramos (grs) de mantequilla
- 5 huevos
- 1 lata leche condensada

Elaboración:

Se colocan todos los ingredientes en la licuadora y se licúan muy bien.

Se engrasa la olla a presión y se enharina muy bien. Se vierte el contenido que licuamos dentro de la olla.

Se pone a fuego normal 3 minutos y 22 minutos a fuego bajo sin tapón.

Si quiere otra forma de hacerlo consulte la página número 80 en elaboración.

Capirotada

Ingredientes: Sirve a 8 personas.

- 50 gramos (grs) de piloncillo al gusto (ó azúcar moscabada)
- 100 gramos (grs) de queso fresco al gusto (opcional)
- 50 gramos (grs) de almendras
- 6 barras de pan tamaño individual
- 50 gramos (grs) de pasas
- frutos secas picados glaceados
- 50 gramos (grs) nuez picada
- 100 gramos (grs) de mantequilla a temperatura ambiente
- 2 cáscaras de naranja glaseada
- 3 cucharadas de aceite de maíz para freír el pan

Elaboración:

El piloncillo es el jugo de la caña de azúcar condensado. Se utiliza mucho en México para postres. La capirotada es una especie de budín mexicano muy solicitado.

Se requiere un molde ó dos para introducir al horno.

Se rebana el pan. Se fríe en aceite. Se saca y se coloca en los moldes que se meterán al horno.

Se hace una miel ligera de piloncillo con agua. Se le agrega una raja de canela y se deja condensar a fuego bajo diez minutos.

La miel obtenida se vierte sobre el pan. Después se agrega al pan una capa de pasas, nueces, los frutos, las cáscaras de naranja finamente picados y la mantequilla derretida.

Se ponen varias capas de estos mismos ingredientes.

Se adorna con queso fresco y almendras.

Se mete al horno a 150 ° C ó 300 ° F diez minutos hasta que dore.

Galletas Muselinas

Ingredientes: Sirve a 5 personas

- 250 gramos (grs) de harina
- 1 huevo
- 1 yema
- 1 huevo para barnizar
- 100 gramos (grs) de azúcar
- 200 gramos (grs) de mantequilla
- 1 limón, raspadura de1 limón
- 50 gramos (grs) de nuez

Elaboración:

Se cierne el harina. Se hace una fuente. En el centro se agrega el azúcar, la yema, el huevo entero y se revuelve con la punta de los dedos. Se le agrega la mantequilla y la raspadura de un limón y se integra con la espátula.

Se extiende la masa con el rodillo hasta dejarla alta 1 cm y se cortan las galletas de la forma deseada. Se barnizan con un huevo completo batido con un tenedor y se aplica con una brocha pequeña. Se adornan con nueces grandes.

Se meten al horno a temperatura alta, es decir 200 ° C ó 400 ° F por aproximadamente veinte minutos ó hasta que huela la casa a horneado rico.

Cada horno es diferente. Estar al pendiente para que no se quemen.

Flan

Tiempo de elaboración: media hora. Sirve a 6 personas.

- 1 lata leche condensada
- 1 lata de leche entera de vaca de la misma medida que la anterior
- 4 huevos
- ½ taza de azúcar para caramelizar el fondo del molde
- 1 cucharada pequeña de vainilla

Elaboración:

Se coloca sobre la estufa un molde de aluminio. Se vierte dentro media taza de azúcar. Se deja calentar hasta que el azúcar se caramelice a fuego bajo. Se inclina el molde hacia un lado y otro para que se reparta. El azúcar se torna café o marrón oscuro. Se deja enfriar veinte minutos.

Todos los demás ingredientes se vierten a la licuadora, se licúan muy bien y se vacía la mezcla en el molde con caramelo previamente colocado dentro de una olla a baño María. Se tapa. Se deja cocer hasta que cuaje a fuego bajo por aproximadamente 20 ó 30 minutos.

Para el baño María se agrega poca agua (2 tazas aproximadamente) al molde grande y allí se introduce el molde con la mezcla licuada con cuidado para que no se derrame. Ir agregando agua si se consume. Se retira y se deja enfriar. Se mete al refrigerador y se deja otra media hora. Se saca y se desmonta volteándolo y colocándolo sobre un platón y bañándolo con el azúcar caramelizada que quede en el fondo del molde para adornarlo.

Pie de Fruta

Ingredientes: Sirve a 6 personas.

Para la base del pie:

- 1 taza de harina
- ½ taza de mantequilla ó una barra chica de mantequilla
- una pizca de sal
- ½ taza de agua fría
- fresas, frambuesas, kiwi ó mango dependiendo de la estación

Para el adorno:

- 3 claras de huevo
- 11 cucharadas de azúcar granulada ó 10 sobres de splenda

Elaboración:

Primero se elabora la base del pie.

Se cierne la taza de harina. Se le hace en medio un espacio. Se coloca en el espacio la mantequilla, ½ taza de agua fría y una pizca de sal. Se amasa lo menos posible (nada más se incorpora con los dedos). Se extiende con el palote y se coloca en un molde para pie previamente engrasado con mantequilla y enharinado. Se le pone una tapadera para que no suba. Se introduce al horno caliente a 350 ° F ó 180 ° C hasta que se cueza aproximadamente cinco minutos. Se retira del horno.

Se le agrega la fruta elegida dependiendo de la estación colocándola sobre la base del pie recién horneada.

Se baten 3 claras de huevo a punto de turrón. Se le agregan 10 sobres de splenda a que quede dulce.

Se colocan sobre la fruta de la estación y se mete al horno en la parte de arriba a 200 ° C ó 400 ° F por 1 minuto para que las claras a punto de turrón se doren. Se saca, está listo para deleitarse.

Gelatina de Leche

Ingredientes: Sirve a 10 personas.

- 1 taza de agua fría
- 2 sobres de gelatina sin sabor, 7 gramos cada uno
- 1 lata de leche condensada La Lechera
- 1 lata de leche evaporada
- 1 cucharada vainilla líquida

Elaboración:

La grenetina se disuelve en un vaso de agua fría. Se coloca sobre la estufa en un recipiente a fuego lento hasta que se disuelva completamente y no queden grumos.

Se vacía este líquido en la licuadora y se agregan todos los demás ingredientes. Se mezcla bien.

Se prepara un molde colocándole unas gotas de aceite ó spam para evitar que se pegue la gelatina en el molde. Se vierte el contenido mezclado en licuadora y se mete con cuidado al refrigerador para que cuaje. Se tarda aproximadamente dos ó tres horas.

Para poder colocar la gelatina en un platón fácilmente, se recomienda introducir rápidamente el molde con la gelatina en agua tibia 2 segundos con cuidado de que no entre agua al molde. Retirar, secar y voltear sobre el platón elegido.

Gelatina de Frutas

Ingredientes: Sirve a 10 personas.

Para la gelatina de agua:

- 1 lata piña ó mango ó duraznos sin el almíbar
- 50 gramos (grs) de nuez picada
- 10 nueces enteras
- 4 vasos de agua
- 2 cajas grandes de gelatina de chabacano
- 1 raja canela
- 10 ciruelas pasas

Para la gelatina de leche:

- 1 taza de agua fría
- 2 sobres de grenetina Knox, 7 grs cada uno
- 1 lata de leche condensada
- 1 lata de leche evaporada
- 1 cucharada vainilla líquida

Elaboración:

Para esta gelatina se usan una gelatina de agua y una de leche. Se usa un molde especial para gelatina para poderlo voltear cuando está cuajada la gelatina. Se colocan en el fondo del molde la fruta y las nueces que quedarán hasta arriba cuando se voltée la gelatina. Para la gelatina de agua, se ponen dos tazas de agua a hervir y se vierte el contenido de una caja de gelatina de agua. Cuando hierve se le agregan otros dos vasos de agua. En un fondo de un molde de gelatina se colocan las nueces, las ciruelas pasas enteras y se acomoda la fruta que haya elegido de un modo vistoso. Se agrega un poco de la gelatina de sabor de agua apenas preparada. Se deja cuajar en el refrigerador. No debe flotar la fruta. La otra parte de la gelatina que sobró se deja a temperatura ambiente. Cuando cuaje la parte en donde se colocó la fruta se le vierte el resto que se dejó a temperatura ambiente y se vuelve a meter al refrigerador a cuajar. Esta gelatina de agua se hace un día antes. Y el día siguiente se le pone la segunda capa que es de leche.

Para la gelatina de leche, se disuelve la grenetina en un vaso de agua fría y se pone a hervir a que se disuelva. Se vacía en la licuadora y se agregan todos los ingredientes. Se vierte esta mezcla sobre la gelatina cuajada que está en el refrigerador y se vuelve a meter al refrigerador. Al cuajar, se voltea.

Panqué de Naranja

Ingredientes:

- 1 taza de jugo de naranja
- 6 huevos
- 250 gramos (grs) de harina
- 250 gramos (grs) de azúcar
- 250 gramos (grs) de mantequilla
- 2 cucharadas de royal ó polvo para hornear
- 1 taza de azúcar glas

Elaboración:

Se separan las yemas de las claras.

Se baten las claras a punto de turrón. Se mantienen apartadas.

Se bate la mantequilla con el azúcar hasta que la mezcla sea cremosa en una batidora.

Se le agregan las yemas una a una batiendo en cada una. Se agrega el harina cernida con el royal y el jugo de naranja.

Al final se agregan las claras a la batidora lentamente. Se mezcla todo hasta incorporar. Se vacía en un molde de rosca espolvoreado con azúcar glas. Se coloca dentro del horno a 250 °C ó 480 ° F por aproximadamente 40 minutos ó hasta que se perciba un agradable olor a pan horneado.

Pastel de Navidad

Ingredientes:

- 100 gramos (grs) nuez
- 100 gramos (grs) uva pasa
- 50 gramos (grs) avellanas
- 50 gramos (grs) cerezas
- 50 gramos (grs) piñón
- ½ kilogramo (kg) ciruelas pasas
- Frutas cubiertas: 1 acitrón, 1 naranja, 3 higos, 1 manzana, piña 2 rebanadas
- 1 cucharada pequeña canela molida
- ½ cucharada clavo molido
- 1 cucharada bicarbonato
- ½ cucharada pequeña nuez moscada
- 300 gramos (grs) harina
- 250 gramos (grs) mantequilla
- ½ taza azúcar
- 125 gramos (grs) piloncillo
- ½ vaso de ron
- 3 huevos
- ½ vaso leche agria ó 3 cucharadas yogurt
- 1 cucharada pequeña royal ó polvo para hornear

Elaboración:

Las ciruelas se remojan en el ron. Deben quedar cubiertas. Después de 1 hora se deshuesan y se muelen en la licuadora.

El piloncillo se coloca en una olla pequeña con agua a fuego bajo por 15 minutos ó más, hasta que se desbarate y se disuelva por completo. Se deja enfriar.

La mantequilla y el azúcar se baten en la batidora y se le agrega la miel de piloncillo. Se agregan los huevos uno a uno y batiendo después de cada uno. Cuando se obtenga una pasta acremada y espesa, (alrededor de diez minutos) se agregan los elementos en polvo cernidos, que son el harina cernida, el royal, el bicarbonato, la canela y la nuez moscada. Enseguida se incorpora el ron con las ciruelas molidas y las frutas secas picadas finamente, el clavo molido, la nuez, la avellana, uva pasa, cerezas, piñones y enseguida el yogurt.

Se vacía en un molde muy engrasado y enharinado.

A este punto se prende el horno a 200 ° C ó 400 ° F por treinta minutos. Se introduce un tenedor al pastel. Debe salir limpio. Esta es la señal de que el pastel está en su punto. Se reitra del horno.

Pastel de Manzana

Ingredientes:

- 100 gramos (grs) margarina
- 3 huevos
- 10 cucharadas azúcar
- 10 cucharadas harina
- 3 manzanas peladas y rebanadas delgadas como gajos
- ½ cucharada chica royal ó polvo para hornear
- ½ limón en jugo
- azúcar glas y canela en polvo para adornar

Elaboración:

Se bate la margarina hasta que acreme, se le agregan las cucharadas de azúcar. En seguida se agregan los huevos uno a uno sin dejar de batir. Se cierne el harina y el polvo para hornear y se vierten poco a poco. Se bate alrededor de diez minutos hasta obtener una masa acremada.

Se vacía en un molde engrasado y enharinado. Se vacía y se reparte parejo.

Se adorna con las rebanadas delgadas de manzana formando una circunferencia ó una figura deseada.

Se vierte el jugo de limón bien repartido sobre las manzanas para que no se oxiden.

Se mete al horno alrededor de 30 minutos a 250 ° C ó 480 ° F. Se saca del horno, se coloca en un platón, se le pone el azúcar glas y la canela en polvo.

Nieve de Nuez

Ingredientes: Sirve a 8 personas.

- 1 ¼ litro (lt) de leche
- 2 yemas
- 1 taza de nuez al gusto
- 1 cucharada de maicena ó harina de arroz
- 1 cucharada de esencia de nuez
- 2 tazas de azúcar

Elaboración:

Se coloca en la licuadora la leche, las yemas, el azúcar, la maicena ó harina de arroz, la nuez y se mezcla a velocidad mediana hasta obtener un líquido ligero y terso.

Se coloca la mezcla en un recipiente a fuego bajo. Se retira cuando suelte el hervor.

Se deja enfriar. Pasada una hora, se mete al refrigerador por dos horas. Se sirve acompañado de galletas.

Cocolitos Fritos con Azúcar

Ingredientes: Sirve a 5 personas.

- ¼ kilogramo (kg) harina
- 50 gramos (grs) de margarina
- 1 huevo
- ½ taza de leche fría
- ½ cucharada pequeña de sal
- 2 cucharadas pequeñas de royal ó polvo para hornear
- azúcar para espolvorear los cocolitos
- 1 taza de aceite maíz para freir los cocolitos

Elaboración:

Se cierne el harina y el royal. Se hace una fuente con ellos, se agrega el huevo en el medio y la margarina, se empasta con una espátula hasta que quede desbaratado e integrado todo.

Se incorpora la leche fría a formar una masa suave. Se extiende con el rodillo y se cortan figuras al gusto ó cocolitos.

Se fríen estos en una taza de aceite de maíz muy caliente.

Se retira exceso de grasa con papel absorbente y se espolvorean con azúcar y canela.

Rollos de Nuez

Ingredientes: Sirve a 20 personas.

- 800 gramos (grs) de nuez (algunas nueces se dejan completas para adorno)
- 150 gramos (grs) de azúcar
- ¾ taza agua
- 1 lata de leche condensada La lechera

Elaboración:

Se pone a fuego medio una cacerola grande, preferentemente de cobre. Se vierte dentro el agua y el azúcar y se revuelve constantemente durante cinco minutos hasta obtener una miel suave. Se agrega a este punto la leche condensada. Y estos tres elementos se dejan hervir. De nuevo se tiene que estar moviendo constantemente con una pala de madera durante 10 ó 15 minutos. Cuando se vea el fondo de la cacerola se vierte la nuez molida. Se mueve durante dos minutos con una pala de madera. Se retira del fuego inmediatamente para que no se pegue. Se sigue moviendo yá fuera del fuego para que se integre todo muy bien. Se deja enfriar 20 minutos. Cuando se enfríe ligeramente, se divide la pasta en cuatro, se dá forma con la mano a gusto personal.

Se adorna con nueces.

Se envuelven los dulces en papel encerado para que se conserven fresco.

Dulce de Tres Pastas

Ingredientes:

Primera capa

- 300 gramos (grs) de almendra
- 100 gramos (grs) de azúcar
- 4 cucharadas de leche líquida

Segunda capa

- 300 gramos (grs) de ciruela pasa
- 250 gramos (grs) de azúcar
- 1/8 jerez
- 1 vaso de agua

Tercera capa

- 250 gramos (grs) de almendra
- 250 gramos (grs) de nuez
- 300 gramos (grs) de azúcar
- 6 yemas
- 1 taza de agua

Elaboración:

Para la primera parte del dulce se remojan las almendras y se pelan. Se muelen las almendras con el azúcar en la licuadora ó en un procesador. Se colocan en un recipiente y se añade la leche. Se amasa hasta que quede una pasta integrada. Se coloca en un platón como primera capa del dulce.

Se deshuesan las ciruelas pasas, se agrega el vaso de agua y el azúcar. Se hierven y se retiran del fuego. Se cuelan. Se agrega el jerez y se forma una pasta. Esta es la segunda capa del dulce que se coloca en el platón.

La última pasta es la de nuez. Se muele la nuez y la almendra en la licuadora, se añaden las yemas. Aparte en un traste se hierve una taza de agua con azúcar a que se haga una miel a punto de bola suave. Se le agrega la pasta de nuez, almendra y yemas cuando se vea el fondo del cazo. Para estos dulces se utilizan cazos de cobre de preferencia. Se coloca la última capa del dulce y se adorna con cerezas, almendras y nuez al gusto.

Galletas de Mantequilla

Ingredientes:

- 130 gramos (grs) de azúcar granulada
- 400 gramos (grs) de harina
- 300 gramos (grs) de mantequilla
- 6 yemas (1 huevo para embetunar)
- 1 cucharada de vainilla

Elaboración:

Se cierne el harina y se hace una fuente. En el centro se ponen las yemas, el azúcar, la vainilla y la mantequilla. Se comienza a amasar hasta lograr que se integren todos los ingredientes y se obtenga una masa suave, uniforme y tersa.

Se extiende esta masa con el rodillo a lograr 1 cm. de grosor. Se cortan a la forma deseada.

Se barnizan con el huevo completo utilizando una brocha, se agrega una nuez de adorno ó mermelada de fresa y se meten al horno a temperatura de 400 ° F ó 200 ° C durante 20 minutos aprox. (cada horno es diferente).

Polvorones

Ingredientes: Rinde a 10 personas.

- ½ kilogramo (0.500 kg) de harina (4 tazas no muy llenas)
- ¼ kilogramos (0.250 kg) de manteca puerco ó inca
- 4 yemas
- 1 cucharada de vainilla
- 10 cucharadas soperas de azúcar

Elaboración:

Se hace una fuente con el harina, el azúcar, las yemas, la vainilla y la manteca.

Se amasa y se hacen las bolitas. Se colocan en charolas y se meten al horno a 250 ° C ó 480 ° F. durante 10 minutos (ó más si es necesario)

Se sacan del horno y se revuelcan en azúcar.

Pastel de Almendras

Ingredientes:

- 300 gramos (grs) de almendra molida
- 300 gramos (grs) de azúcar
- 300 gramos (grs) de harina
- 300 gramos (grs) mantequilla
- 8 huevos
- 1½ cucharada chica de royal ó polvo para hornear
- 1 cucharada chica de esencia de almendras

Para el betún:

- 100 gramos (grs) de mantequilla
- 300 gramos (grs) de azúcar glass

Elaboración:

Se acrema la mantequilla con el azúcar. Se le agregan los huevos sin dejar de batir, enseguida la almendra molida y la esencia.

Al último se le agrega el harina cernida con el polvo para hornear y se bate muy bien.

Se vacía en tres moldes redondos delgados y se mete al horno a 350 ° C ó durante 1 hora.

Se deja enfriar y se le unta un betún preparado colocando la mantequilla en la batidora hasta que se vuelva cremosa y agregándole azúcar glass hasta el punto que se desee de dulce.

Base para Tarta de Frutas

Ingredientes:

- ½ kilogramo (0.500 kg) harina
- ¼ kilogramo (0.250 kg) de manteca vegetal
- 4 huevos
- 2 cucharadas azúcar
- 1 cucharada pequeña sal
- 1 huevo batido completo
- fruta de la estación al gusto

Importante : Cuando es para pastel de carne ó pollo se le pone ½ cucharada pequeña de pimienta.

Elaboración:

Se hace una fuente con el harina cernida. Se agregan la sal y el azúcar. Se le agregan los huevos, la manteca y se revuelve con los dedos hasta que quede una pasta suave.

Se parte en dos, se extiende delgada y se forra un molde refractario que queda como base.

Esta base se mete al horno a temperatura media, es decir, 190 ° C ó 375 ° F por diez minutos. Se pica con un tenedor. Se deja hasta que hasta que quede dorado. Se retira del horno y se coloca la fruta elegida.

Se cubre la fruta con la segunda parte de la masa. Se oprime la orilla con un tenedor para evitar que se reduzca y se barniza con una brocha aplicando un huevo batido completo. Se pica con un tenedor toda la pasta para que salga el vapor. Se introduce de nuevo al horno por aproximadamente diez minutos. Debe dorarse la tarta para que quede exquisita.

Rosca de Pasas

Ingredientes: Sirve a 10 personas.

- 200 gramos (grs) de azúcar
- 50 gramos (grs) de azúcar glaseada para el adorno
- 250 gramos (grs) de masa de maíz para tortillas
- 100 gramos (grs) de manteca de puerco
- 250 gramos (grs) de nata de leche seca
- 50 gramos (grs) de uva pasa
- 1 cucharada pequeña de polvo para hornear
- 4 huevos
- 1 cucharada pequeña de canela en polvo
- 1 pieza de pan de manteca rallado, en polvo

Elaboración:

Esta receta cumple 100 años de existir. Es en la receta original que se utilizaba una pieza de pan para rallarla y obtener el polvo de pan.

Se bate la manteca hasta que se suavice y se le agrega el azúcar, la nata, la masa de maíz para tortillas y las cuatro yemas una a una.

Aparte se baten las claras a punto de turrón y se agregan junto con el polvo para hornear. Cuando están listas las claras, se integran con la preparación anterior con una pala de madera.

Se engrasa un molde de rosca y se espolvorea con el polvo de pan molido, las pasas se enharinan y se revuelven también.

Se vierte la mezcla en este molde.

Se hornea a 180 ° C ó 350 ° F durante 1 hora y cuando enfría un poco se recubre con la azúcar glaseada y la canela en polvo.

Pastel Alemán

Ingredientes: Sirve a 10 personas.

- 150 gramos (grs) de chocolate turín amargo disuelto a fuego directo en ½ taza de agua
- 225 gramos (grs) de mantequilla
- 2 tazas de azúcar
- 4 huevos separados
- 1 cucharada de vainilla
- 2 ½ tazas de harina
- ½ cucharada de sal
- 1 cucharada de bicarbonato
- 1 taza de yogurt

Elaboración:

Se acrema la mantequilla en una batidora, se le agrega poco a poco el azúcar, las yemas una por una, el chocolate derretido y frío, la vainilla, el harina cernida con el bicarbonato y la sal alternando con el yogurt.

Las claras se baten a punto de turrón y se envuelven con la mezcla suavemente.

Se vacía en un molde engrasado para hornear.

Se mete al horno a 180 ° C ó 350 ° F por 40 ó 50 minutos.

Cuando se sienta el olor del pan horneado fresco, se retira.

Betún Chocolate para Decorar Pastel

Ingredientes:

- 1 tablilla chocolate
- 2 cucharadas de cocoa grandes
- ¾ de taza de agua
- ¼ cucharada pequeña sal
- 1 taza de azúcar pulverizada blanca ó glas
- 50 gramos (grs) de mantequilla a temperatura ambiente
- 1 cucharada vainilla

Elaboración:

Se pone a fuego bajo el agua hasta que hierva y se disuelve el chocolate. Se deja hervir cinco minutos.

Se retira y se le agrega la sal, la vainilla, el azúcar pulverizada y la cocoa. Se pone al fuego otros cinco minutos. Se retira.

Se le agrega la mantequilla y se bate cuando aún está caliente.

Se deja enfriar para decorar.

Mouse de Fruta Seca de Chabacanos

Ingredientes:

- 2 gelatinas grandes de chabacano royal ó jello
- 300 gramos (grs) de fruta seca de chabacanos
- 1 taza de azúcar
- 1 taza de agua
- ½ crema para batir
- 3 cucharadas de azúcar glass copeteadas
- ¼ taza de crema ácida para decorar
- ½ cucharada de aceite

Elaboración:

Se colocan los chabacanos a hervir por 10 minutos.

Después se colocan los chabacanos en una taza de agua y se agrega otra taza de azúcar y se dejan remojando por dos horas. Pasadas las dos horas se colocan en la licuadora con la misma agua en la que se remojaron y se muelen. Se dejan algunos chabacanos completos para adorno.

Se disuelven las dos gelatinas en 2 tazas de agua fría a que queden muy bien disueltas. Y se mezclan estas dos tazas de agua disueltas con los chabacanos yá molidos.

La crema para batir se mete al congelador por una hora. Pasada la hora, se saca y se bate hasta que esponje. Se le agrega el azúcar glas y se mezcla con nuestra preparación de chabacanos envolviéndolos suavemente. Una parte de esta crema se mete dentro la duya y se ponen adornos a los chabacanos que dejamos reservados a modo de flores con azúcar glas. Se engrasa un molde de rosca con un poco de aceite y se vierte la preparación. Se mete al refrigerador ó nevera hasta que cuaje.

Pastel de Calabaza

Ingredientes: Sirve a 5 personas.

- 200 gramos (grs) de mantequilla
- 4 yemas
- ½ kg calabazas
- 1 taza de harina de arroz
- 1 naranja en jugo
- 1 taza de azúcar
- 1 cucharada pequeña de polvo para hornear royal (levadura)
- una pizca de sal

Elaboración:

Se cortan las calabazas crudas en piezas pequeñas para meterlas a la licuadora y molerlas con el jugo de naranja.

Se acrema la mantequilla con el azúcar en la batidora, se agregan las yemas una a una, la harina cernida, el polvo para hornear, las calabazas molidas y las claras a punto de turrón.

Se vierte la mezcla en un pyrex rectangular, se mete al horno a 175 ° C ó 340 ° F durante 45 minutos. Se revisa con un palillo para revisar que yá esté cocido. Debe salir limpio. Se retira del horno.

Chongos Zamoranos

Ingredientes: Sirve a 15 personas.

- 1 galón de leche entera (2.5 Litros)
- 400 gramos (grs) de azúcar
- pastillas de cuajo (2 pastillas disueltas en agua caliente)

Elaboración:

En un traste hondo se coloca la leche con las pastillas de cuajo a fuego muy bajo durante 7 horas ó se puede dejar toda la noche y a las seis de la mañana estarán ya listos.

Quedan ya listos cuando se ven los trozos separados y el suero queda aparte; es decir, con el agua separada.

Cuando aún están calientes, se agrega el azúcar y se mueve constantemente para que se disuelva y se integre.

Ensoletada Carlota

Ingredientes:

- ½ taza de leche condensada
- ½ taza del almíbar piña
- 30 gramos (grs) de azúcar
- 100 gramos (grs) de almendras
- 2 yemas
- 40 galletas soletas
- 1 taza de leche de vaca
- 250 gramos (grs) de mantequilla
- 1/8 taza ron ó cognac
- 10 rebanadas piña en almíbar (lata)
- 5 duraznos rebanados en gajos para adorno

Elaboración:

Se bate la mantequilla con el azúcar. Se le agregan las yemas una a una y se le incorpora la leche condensada poco a poco hasta que quede esponjada y la leche de vaca. Se agregan 3 rebanadas de piña en trocitos y el jugo de piña.

Al final se le agrega el ron.

En un molde se colocan las soletas paradas alrededor y se va rellenando el molde con la crema y con las soletas hasta terminar la crema y se decora al gusto con la piña que quede, las almendras peladas y los duraznos.

Se pone en el refrigerador treinta minutos.

Jamoncillo

Ingredientes: Rinde a 10 personas.

- 2 tazas azúcar
- 1 taza de agua
- 1 taza de leche
- 6 yemas
- 1 cucharada de vainilla
- 1 cucharada de piñón
- 1 cucharada de nuez molida
- piñones y nueces enteros para adornar al gusto.

Elaboración:

Se pone a hervir la taza de agua y el azúcar a hacer una miel a fuego medio durante 5 minutos moviendo hasta que se disuelva el azúcar y comience a hacerse una miel. Se apaga. Se aparta.

Aparte se mezclan las 6 yemas, la taza de leche y el resto de los ingredientes en la licuadora. Se mezcla con la miel preparada al inicio. Se pone al fuego a que espese durante cinco minutos. Se mezcla continuamente para que no se pegue.

Cuando se vea el fondo del cazo, (porque todo está integrado como una masa), se apaga y se sigue moviendo. Se coloca esta pasta en un trapo húmedo y se envuelve. Se le dá forma.

Se adorna con piñones y nueces extras.

Glosario Útil En La Cocina

Aceite. El mejor aceite es el de olivo. También se puede usar el de ajonjolí y en algunos países el de algodón.

Acitronar. Poner la cebolla ó cualquier otra verdura en crudo en el aceite ó grasa caliente y dejarla sofreír, moviéndola constantemente hasta que esté transparente.

Adobar. Untar las carnes ó pescados en crudo con cualquier preparación de especias, chile, aceite ó vinagre, antes de cocinarlos.

Aguacate. Fruto mexicano del árbol del mismo nombre de pula verdosa, aceitosa y dulce.

Alubias. Fríjol blanco.

Amasar. Formar ó trabajar una masa, principalmente harina con un líquido.

Aplanar. Pasar el rodillo de madera sobre alguna masa.

Asar. Dejar un manjar al fuego en asador, brasas ú horno hasta que esté en su punto.

Atole. Bebida hecha de harina de arroz, de trigo ó arroz, disuelta en agua ó leche hervida.

Azafrán. Estigma de color anaranjado de la planta del mismo nombre usada como condimento para teñir de amarillo.

Azúcar glass. Polvo de azúcar.

Azúcar granulada. Azúcar molida, pero nunca tan fina como la glass. Se utiliza para dulces y pasteles.

Azúcar morena, moscabado, piloncillo. Es el azúcar molida, no muy fina, un poco más gruesa que la granulada y de color café. Algunas veces viene en presentación de pirámide dura.

Bañar. Cubrir totalmente un manjar con una salsa, caldo, agua ó dulce, haciéndolo con una cuchara ó cucharón.

Baño María. Cocimiento al vapor colocando una vasija dentro de agua que contiene agua.

Barbacoa. En México la carne de cordero aderezada con chile ó sin él, cocinada en un horno hecho bajo tierra y envuelta en pencas de maguey. (Especialmente agave)

Betún. Salsa ó azúcar glass preparada para cubrir un pastel.

Bolillo. En México, pan blanco de mesa.

Botana. Voz mexicana. Bocadillo previo a la comida. Pueden ser cacahuates, pepinos, pepitas, papitas.

Buñuelo. Postre hecho de harina de trigo, estirado, muy delgado y frito en aceite muy caliente.

Cacahuate. Ó maní. Hierba anual de 30 a 40 cms alto con fruto parecida a almendras mexicanas oblongas, aceitosas y feculentas. Se usa para hacer aceite, mantequilla ó botana.

Cacao. Fruto originario de México que seco, tostado y molido conforma el chocolate. Sin azúcar es de sabor amargo.

Camarón. Crustáceo de la familia de los langostinos.

Camote. Tubérculo de color amarillo, blanco y morado de sabor dulzón.

Catsup. Salsa embotellada a base de jitomate, vinagre y especias, de sabor dulzón.

Cebiche. Mariscos ó pescado desmenuzado en crudo y cocidos en jugo de limón.

Cerdo, puerco. Mamífero paquidermo doméstico de carne muy apreciada.

Cilantro. Yerba muy aromática, parecida al perejil. Se usa fresca y cruda e salsas ó guisados.

Clara batida a punto de turrón. Es cuando la clara cruda del huevo se bate separada de la yema y queda tan firme que se puede voltear el plato y no se cae.

Col, repollo, berza. Verdura de hojas muy grandes anchas, gruesas. Se puede comer cruda ó cocida.

Cocer. Hervir un alimento directamente al vapor, con agua ó caldo.

Clavo. Especie aromática muy usada como condimento.

Condimentar. Sazonar, aderezar los manjares.

Comal. Especie de disco de acero ó aluminio que se apoya sobre el fuego ó las brasas para cocer tortillas ó cualquier derivado de estas.

Cuajar. Espesar casi solidificar un líquido ó una salsa.

Chayote. Verdura muy apreciada comestible.

Chícharo, guisante, petit pois. Planta hortense, cuyo fruto es una vaina cilíndrica con semillas casi esféricas que cuando secas reciben el nombre de alverjón y muy distinto el sabor al del fresco. Se pela para comer.

Chicharrón. Residuo del cuero del cerdo después de derretida la manteca, en México se come recién frito el cuero después de dejarlo secar al sol durante varios días. Es un manjar muy apreciado.

Chilaquiles. Guiso mexicano hecho a base de tortilla cortada y frita en manteca ó aceite y cubierta con salsa roja ó verde.

Chile, ají ó guindilla. La variedad es ilimitada, los hay frescos y secos. Tipos: poblano, verde, piquín, manzano, ancho, pasilla, mulato, chipotle.

Chorizo. Embutido hecho a base de carnes de cerdo, especias y pimentón.

Desflemar. Significa poner la cebolla en agua 20 minutos antes de usarla ó rebanarla. También se usa para los chiles. Estos se desfleman y se les quitan las semillas poniéndolos a remojar en agua con sal durante 1 hora ó 2 horas.

Elote, choclo, mazorca tierna. Mazorca tierna de maíz.

Enchilada. En México, tortilla enrollada ó doblada cubierta con salsa de tomate y rellena de carne ó queso.

Empanizar, Rebozar, Empanar. Es cubrir de pan molido, un vegetal, un y múltiplesa carne antes de freírlo.

Enharinar. Espolvorear con harina.

Epazote. Planta comestible, sólo las hojas. De color verde ó medio morada, olorosa usada como condimento en pequeñas cantidades, picada en crudo para frijoles negros, quesadillas, mole de olla y otros caldos.

Espinaca. Planta del huerto comestible.

Exprimir. Prensar un alimento para extraerle el jugo, el zumo, ó jugo de alguna fruta.

Filete, solomillo. Lonja de carne de res ó cerdo, magra

Filtrar. Pasar un líquido a través de de un trapo ó papel filtro.

Flores. En México, por tradición se comen distintas variedades de flores, guisadas ó hervidas en varias formas; algunas se utilizan también para hacer aguas.

Fríjol. Judía seca. Porotos. Fruto de la planta del mismo nombre que encierra en una vaina las semillas, en forma de riñón. Cuando la vaina está fresca, recibe el nombre de ejote. Hay muchas clases y colores de frijoles y también tamaños.

Galleta. Bizcocho de tamaño pequeño.

Garbanzo. Planta herbácea, leguminosa, de fruto en vaina inflada y vellosa, con una ó dos semillas.

Gelatina. Jello. Grentetina. Materia que se saca de ciertas partes blandas de los animales, de sus huesos, cuernos y patas. También se le da ese nombre al dulce que se prepara mezclándola con jugos de frutas y vegetales.

Granada. Fruta del granado, de figura globosa y múltiples granos encarnados jugosos y dulces. Es comestible, apreciada y refrescante. Se usa en medicina para afecciones de la garganta.

Gratín. Manera de preparar una costra de pan rallado para ciertos alimentos que se cocinan en horno.

Gratinar. Dejar un guisado en el horno hasta que tome un bonito color oro.

Grumos. Este término se usa cuando se dora harina en mantequilla y, al ponerle la leche, no se agita rápidamente y se forman bolas que después no se pueden desbaratar y se tiene que colar para que quede terso.

Gruyere. Queso de tipo francés que puede ser sustituido por chihuahua.

Guacamole. Salsa hecha a base de aguacate, chile verde, cebolla, tomate y cilantro.

Guisar. Poner un alimento en el fuego para cocinar, a veces con salsa y verduras.

Haba. Planta herbácea anual, de fruto en forma de vaina conteniendo cinco ó seis semillas comestibles.

Helado, sorbete. Refresco de zumo de de frutas con azúcar, leche ú otro líquido al que se le dá un cierto grado de congelación.

Incorporar. Añadir ingredientes a una receta en forma lenta ó rápida dependiendo de la indicación de la receta.

Jícama. En México, nombre de ciertas plantas de tubérculos comestible y medicinal, de pulpa muy jugosa.

Jitomate, tomate. Fruto de la tomatera, de color rojo brillante y con una cáscara fina. Uno de los principales ingredientes en la cocina mexicana.

Macerar. Poner a remojar en una fuente cualquier clase de alimento en alcohol, vino, vinagre ó zumo de fruta por algunas horas ó inclusive un día ó más.

Machacar. Golpear una cosa para quebrantarla, apachurrarla y hacer que se despedace.

Maicena. Una clase de almidón de maíz.

Mango. Fruta tropical muy apreciada, hay diversos tipos.

Marinar. Poner en una fuente el pescado ó carne con jugo de limón, naranja ó vino, agregando especies ó yerbas de olor dejándolo reposar horas.

Mixiote. Cutícula de las hojas de maguey que los antiguos aztecas utilizaban como papel. En la actualidad se usa para envolver carnes ó pollo y cocer al vapor.

Mole. Guiso mexicano cuya salsa se hace a base de diferentes clases de chiles, chocolate, especias y carne de pollo ó guajolote.

Nogada. Salsa mexicana hecha a base de nuez fresca ó seca.

Nopal. Cactácea de tallos ovalados y aplastados, de forma de paleta, cubiertos de espinas. Su fruto es la tuna. Se comen ambos.

Nuez. Fruto del nogal, hay muchas variedades.

Nuez de castilla. Es la nuez del nogal cuando está fresca. Se pela de sus dos cáscaras.

Papaya. Fruto del papayo, pulpa de color amarillo y algunas veces rojizo, de exquisito sabor, excelente como digestivo y otros usos.

Pastel, torta. Masa de harina, manteca, mantequilla, huevos y otros ingredientes, horneada en un molde.

Pastelillos, empanadas. Masa de harina, manteca, mantequilla, huevos, cocida al horno.

Peneques. Empanada hecha de tortilla, rellena de queso ó carne, envuelta en huevo y frita.

Perejil. Se usan sus hojas frescas, cocidas ó secas, para caldos, ó adorno. Buena para la circulación.

Perón. Cierta variedad mexicana de manzana ácida, excelente para hacer puré y pasteles, su cáscara es de color verde.

Picor. Escozor que resulta en la lengua por comer algo picante.

Plátano, banana. Fruta muy común en América.

Poro. Especie de cebolla con tallo largo muy usada en caldos.

Pozole. Nombre con que se conoce un guisado mexicano hecho a base de carne de cerdo y granos de maíz y chile.

Pulque. Licor mexicano obtenido de la fermentación del aguamiel extraída del Maguey. (Agave)

Raspa. Cuchara de madera que sirve para amasar.

Quesadillas. Tortilla rellena con queso, papa. Puede ser frita en aceite caliente ó dorada en un sartén.

Rebozar. Empanizar ó pasar un alimento por harina y después mojarlo con huevo batido.

Robalo. Pez de carne blanca, muy apreciado.

Royal. Marca registrada de polvos para hornear que viene siendo levadura en polvo.

Soletas. En México, especie de galletas hechas de harina, azúcar y huevo usadas para formar pasteles.

Sopes. Platillo original de México hecho con tortilla, cebolla, queso, lechuga y salsa.

Tacos. En México, cualquier comestible envuelto en una tortilla de maíz cocida en comal, ó frita después de que se coce en comal.

Tamal. Empanada especial que se come en América hecha de maíz, manteca, mantequilla, carne, dulce y otros. Se envuelve en hojas de mazorca fresca ó seca de maíz, en hojas tiernas de plátano u hojas tiernas de carrizo.

Tejocote. Fruta parecida a la manzana pero mucho más pequeña

Tequila. Bebida mexicana elaborada en el municipio de Tequila, Estado de Jalisco, semejante a la ginebra y que se destila de un maguey especial.

Tomate. Fruto de la familia de la tomatera, de color verde, cubierto de por una cáscara delgada y áspera. Se usa para salsas con chile.

Tortillas. Platillos planos de masa de maíz, preparado hervido y cocido con cal, cocidos en comal.

Tuna. Producto del nopal ó higuera de las Indias.

Verdolagas. Planta hortense herbácea, se usa como verdura la hoja y el tallo.

Xoconoxtle. Variedad de una tuna ácida, sin espinas que se usa en ciertos guisos mexicanos.

Yogurt. Fermento s búlgaros de la leche.

Zanahorias. Tubérculo de color naranja usado en caldos y ensaladas.

Sobre el autor

Elvira Troyo Carranza es madre de cuatro hijos, Lorena, José, Octavio y Héctor. Nacida en la Ciudad de México, donde se realizó profesionalmente como maestra.

Vive en Houston TX con su esposo y es una apasionada de la cocina y buen comer, su experiencia la ha obtenido a través de su abuela y madre, también de sus viajes alrededor del mundo de los cuales se ha tomado recomendaciones de recetas internacionales.

Ser feliz es encontrar que es lo que te gusta hacer a pesar de los tropiezos y obstáculos que la vida te coloque en el camino. El ser feliz es algo muy personal. Busca tu felicidad primero y después puedes compartirla con otra persona. El ser feliz es algo intangible, no lo puedes ver, sale del corazón y del alma; alumbra todo tú alrededor porque tienes que creer en ti mismo.

Con todo el amor a esta vida y a lo que me rodea.

Me gustaria ayudar a las nuevas generaciones a cocinar todo fresco,lo que la madre tierra nos ofrece ya que se podran sentir major.

eliminar enfermedades de la juventud y de la vejez, fue cuando decidi escribir este libro que podria ayudarr a organizar tu cocina con el Metodo Carranza Y asi mismo porder el peso sobrante,,y ayudar a todo el mundo a poder lograrlo. ! Comer bien, vivir mejor

Gracias a toda mi familia por el gran apoyo, pero especialmente a mi hijo Octavio. y Hector.

Entretenimientos, nadar, caminar en la playa, caminar en los bosques, yoga, escribir y pintar, cocinar.

Elvira T Carranza